真宗入門

御文《おふみ》に学ぶ

【増補新版】

田代俊孝

法藏館

はじめに

蓮如上人ほどその評価が二転三転した方もめずらしい。あるときは農民解放の大指導者として、あるときは封建教団をつくった張本人として、またあるときは乱世のオルガナイザー（組織活動家）として、今また讃仰のムード一色である。筆者は、さして歳をとっているわけでもないが、時の移り変わりをしみじみと感じる。

ところで、筆者が生まれたのは、びわ湖の北の山あいの小さな寺院である。厳格な父に育てられ、幼い頃から「御文」の拝読を教えられた。報恩講のお勤めの後なども、兄弟そろって、足の痺《しび》れを我慢して、それを聞いていたものである。今では父も他界し、それももう遠い思い出となってしまった。そのせいか、大学に入っても「御文」に親しみを持っていたので、当時の蓮如上人に対する厳しい評価に、とまどいを隠せなかった。今から思えば、指導教授のアドバイスがあったとはいえ、拙い卒業論文に「御文」を選んだのも、教団の世評などを気にしない幼さのゆえであったからかもしれない。以来、わたしの学びの底流には、いつも「蓮如上人」があった。

その中で、親鸞教学に対する蓮如教学、あるいは、近代教学に対する蓮如教学というように、対立的に見ようとする人もいた。しかし、蓮如上人自身が、

「御文」は、これ、凡夫往生の鏡なり。「御文」の上に法門のあるべきように思う人あり。大きなるあやまりなりと云々。（『蓮如上人御一代記聞書』第一七八条）

と、おっしゃっている。決して別の法門ではない。少なくとも、蓮如上人はそうおっしゃっている。蓮如上人は、青蓮院の末寺として天台の勤行を誦し、護摩を焚き、加持を行なっていた天台宗本願寺から、聖人一流の浄土真宗本願寺に還った人である。しかも、それをより多くの人と果たし遂げるために、平明、簡潔を旨として、「御文」を書かれたのである。いわば、「御文」は真宗に還るための書、あるいは真宗入門の書である。

おりしくも、筆者は一九九四年から九六年まで、名古屋教区教化センターで、市民の方たちと「御文」を学ぶ機会を頂いた。本書は、そのおりの講義録に手をいれた拙いものである。お世話くださり、なおかつ出版をお勧めくださった教化センターの皆さん、さらに出版をお許しくださった名古屋教務所の髙藤法雄所長に心より感謝致します。

田代俊孝

目次

十一　信心をもって本とする　五帖目第十通——203

十二　人間の浮生なる相　五帖目第十六通——219

［増補］蓮如上人と現代——237

真宗入門　御文に学ぶ　［増補新版］

蓮如上人と「御文」

これから蓮如上人（一四一五〜一四九九）の書かれた「御文」を通して真宗の教えを学んでいきたいと思いますが、まず初めに、「御文」について簡単にお話ししておきたいと思います。

「御文」には、「五帖御文」と「帖外御文」、それに「夏の御文」「御俗姓」があります。まずこの「五帖御文」をだれが編集されたのかということについては、諸説があります。蓮如上人が生前にそういう意図を持っていたということも言われておりますが、実際には、蓮如上人のお子さんの実如上人（本願寺第九代、一四五八〜一五二五）と、さらにはその子の円如上人（一四九一〜一五二一）が編集なさったのではないかと言われております（『紫雲記』）。

今日われわれが親しんでおります「五帖御文」が成立するまでにも、いくつか「御文」を集めたものがありました。たとえば、実如上人が集められたものとか本願寺の家老の安芸蓮崇が写したものとか、あるいは越中五箇山の赤尾道宗が写したものとかがあります。そういった、若干趣の違うものが次第次第に整えられて、今日のような「五帖御文」ができ上がってきているわけです。また別の系統で編集されたものに、越後の高田御文（「本誓寺本」）、堺御文（「真宗寺本」）、あるいは摂津の名塩御文（「教行寺本」）といわれるものがあります。

「五帖御文」は八十通ありまして、一帖目から四帖目までは年代順になっています。そして五帖目は年代のわからないものが集められています。この八十通が帖内御文といわれるもので、それ以外の編集されていない「御文」を「帖外御文」といっております。

では、その「御文」というのはいったいいつごろから書き始められたのかということなのですけれども、書かれた時がわかっているいちばん古い「御文」は「帖外御文」の第一通目で、それには寛正二年（一四六一）と書いてあります。寛正二年といいますと、寛正六年に起きました延暦寺衆徒による本願寺破却より前で、親鸞聖人二百回忌の年です。このときに、金森の道西（一三九九～一四八八）の請いによって書かれたのが最初の御文といわれています。ですからこれは「筆始めの御文」と言われております。

『蓮如上人遺徳記』の中に、こういう一文があります。

寛正初暦の比より、末代の劣機を鑑みて、経論章疏師資の銘釈を披閲し、愚凡速生の肝府を撰取して、数通の要文をつくり給へり。これ末代の明灯なり、偏に濁世の目足なり。

『遺徳記』は、蓮如上人のおことばを子の蓮悟（一四六四〜一五五〇）という人がまとめられたものです。その中に蓮如上人のことばとして寛正の初めから書き始めたとあります。さらに、蓮淳（一四六八〜一五四三）という人が蓮如上人のことばを集めた『蓮淳記』というのがありますけれども、その中に、

「御文」を御つくらせさふらふ事は、安芸法眼申されさふらひて御つくりさふらひて、各々有難く存さふらふ。かるぐ〳〵と愚痴の者のはやく、心得まひらせさふらふやうに、千の物を百に選び、百の物を十に選ばれ、十の物を一に、早く聞き分け申す様にと思しめされ、「御文」にあそばしあらはされて、凡夫の速かに仏道なる事をおほせたてられたる事にてさふらふ。開山聖人の御勧化今一天四海にひろまり申す事は、蓮如上人の御念力によりたる事に候也。

とおっしゃっているのです。千のものを百に、百のものを十に、十のものを一にして「御文」を書かれたといわれています。ですから難しい真宗の教義をできるだけやさしく、し

かも簡潔にという姿勢でつくっていかれたものだといわれるのです。

『蓮如上人御一代記聞書』の中にも、「御文」についてのいくつかの言葉があります。たとえば五二条には次のように言われています。

『御文』のこと。「聖教は、よみちがえもあり、こころえもゆかぬところもあり。『御文』は、よみちがえもあるまじき」と、おおせられそうろう。御慈悲のきわまりなり。これをききながら、こころえゆかぬは、無宿善の機なり。

聖教は読み違えもあるけれども、「御文」は読み違えがないと言われています。今日われわれが「御文」に接するのと、当時の人々が「御文」に接するのとは、これはたいへんな違いがあったのだろうと思います。われわれがこの「御文」を読めば、やはり古文ですから読みづらいです。ところがこの時代の人は、それが当時のことばですから、文字の読める人々にとっては今日のわれわれの書きことばを読んでいるみたいなものです。だから、だれにでも簡単にわかったのでしょう。平易なことばで、しかも短く書かれているわけですから、一度聞くだけで当時の人はまちがいなく理解できたわけです。

それから三〇五条には、

「御一流の肝要をば、『御文』に委《くわ》しくあそばしとどめられ候うあいだ、今は、申しまぎらかす者も、あるまじく候う。此の分を、よくよく、御心得ありて、御門徒中へも、仰せつけられ候え」と、御遺言の由に候う。

とあります。また、一七八条には、

『御文』は、これ、凡夫往生の鏡なり。『御文』のうえに法門あるべきように思う人あり。大きなるあやまりなりと云々

「御文」は、「凡夫往生の鏡」だといわれ、凡夫往生の道理を明らかにするもので、そこに特別な法門があるわけではないというのです。

さらに、一二四条には、

「『御文』は、如来の直説なり」と、存ずべきの由に候う。「形をみれば法然、詞《ことば》を聞けば弥陀の直説」と、いえり。

と、「形をみれば法然、詞を聞けば弥陀の直説」というような表現がされています。

ここで注意をしていただきたいことは、蓮如上人自身「御文」という呼び方をしておられるということです。今日大谷派では「御文」と呼び、本願寺派では「御文章」と呼んでおります。それにはそれぞれの宗派としての事情と読みならわしがありまして、どちらがいいとか悪いとかということはありません。ところが蓮如上人自身は、「御文」という言

い方をなさっています。

宗派内のそれぞれの呼称はどんなものでもけっこうですけれども、歴史学者は、いちおう史実に基づいて呼びますから、歴史史料としては「御文」と呼ぶことが多いと思います。

それでは、今日どれだけの「御文」が確認されているのかということなのですけれども、いま帖内は八十通、「夏の御文」四通、「御俗姓」一通、それに「帖外御文」が二百五十二通確認されています。堅田修先生が『真宗史料集成』の第二巻「蓮如とその教団」で整理してくださいました。それによりますと、帖外のうち年記が記してあるものが百八十四通、それから年記が記してないものが六十八通、こういうふうにおっしゃっておられます。この他にも新しく発見されたものは、どんどん「帖外御文」の中に入っていくわけです。

ただ特色として言えることは、「五帖御文」には、プライベートなものは入っておりません。プライベートなものは、ほとんど帖外になっておりますし、それから重複するものもありません。ことばの重複は、多少ありますけれども、内容が重複するものは五帖の中へ入っていません。それは全部帖外にしてあります。そこにひとつの編集方針といったものがあるように思います。

そういうように「五帖御文」というものが成立いたしまして、そしてさらに、お勤めのあとに「御文」を拝読し、「御文」によって信心を獲ていく、聞法していくという伝統が作られてきたわけです。

そういう中で、「御文」についての解説書、研究書、講録といったものがたくさん残されています。有名なもので言いますと、江戸時代の理剛院慧琳（一七一五〜一七八九）という学者の『御文記事珠』（十二巻）、これはたいへん有名です。それから香月院深励師（一七四九〜一八一七）の『御文講義』、これは『真宗全書』の中に入っているのですけれども、全部ではなくて、わずか八通しか講義されていないのです。

本願寺派のほうでは、道隠（一七四一〜一八一三）というかたの『御文明燈鈔』（十五巻）というのがあります。これが非常にいい書なのです。

新しい時代では、大谷派の吉谷覚寿先生の『御文講述』、本願寺派の杉紫朗先生の『御文章講話』というのがあります。それから「御文」に解説、校注をつけたものに、出雲路修先生の、『御ふみ』（東洋文庫）といったものがあります。そのほか、最近では、細川行信先生等編の、現代の聖典『蓮如五帖御文』もあります。

このような解説書を参考にしながら、「御文」を通して浄土真宗の教えの中核を学んでいきたいと思います。

一　念仏者は物忌みせず――一帖目第九通

仏法を修行せんひとは、念仏者にかぎらず、物さのみいむべからずと、あきらかに諸経の文にもあまたみえたり。まず『涅槃経』にのたまわく、「如来法中　無有選択　吉日良辰」といえり。この文のこころは、如来の法のなかに吉日良辰をえらぶことなしとなり。また『般舟経』にのたまわく、「優婆夷、聞㆓是三昧㆒　欲㆑学者、乃至　自帰㆓命仏㆒　帰㆓命法㆒　帰㆓命比丘僧㆒　不㆑得㆑事㆓余道㆒、不㆑得㆑拝㆓於天㆒、不㆑得㆑祠㆓鬼神㆒、不㆑得㆑視㆓吉良日㆒、已上」といえり。この文のこころは、優婆夷この三昧をききてまなばんと欲せんものは、みずから仏に帰命し、法に帰命せよ、比丘僧に帰命せよ、余道につかうることをえざれ、天を拝することをえざれ、鬼神をまつることをえざれ、吉良日をみることをえざれといえり。かくのごとくの経文どもこれありといえども、この分をいだすなり。ことに念仏行者はかれらにつかうべからざるようにみえたり。よくよくこころうべし。あなかしこ、あなかしこ。

門徒もの知らず

一帖目第九通は、念仏者は物忌みをせず、諸神諸菩薩を拝してはいけないと教えておられます。蓮如上人というかたの性格なのでしょうか、非常にソフトな感じで、外相にはあまりはっきり言わなくても、仏法を学ぶ者は正しくそのことを心得よと言われています。また、余道につかうることを得ざれ、余仏を廃することを得ざれということを、仏典に従って明確に押さえておられるのです。

一般によく「門徒もの知らず」などということをいいます。これは門徒の人がものを知らないということではなくて、「物忌み知らず」ということを「門徒もの知らず」というふうに言うようになったのだろうと言われております。

真宗においては、物忌みをしないということが一つの宗風として今日まで伝わっております。この物忌みというのは、いってみれば、恐れとか、たたり、そういった事柄です。これは習俗ですから、今日でも根強いものがあります。吉日とか、三隣亡だとかいって、日を選ぶ。あるいは、旅立つときに、どの方角から出発するかとか、家を建てるときにも方角を占ったり、角を別のところへ向けたり、お手洗いの位置を変えたりとか、そんなことは今日でも伝わっています。

ところが真宗、また仏教そのものが、こういったことをしない。あるいは、とらわれないという基本的な立場があるわけです。

この物忌みというのは、結局は神祇信仰です。人間の懐く恐れや不安を取り除くのは神だということで、神祇信仰と結び付いていくわけです。その神祇に対して蓮如上人は、ここでは非常に厳しい形で、「余道につかうることをえざれ、天を拝することをえざれ」とおっしゃっておられます。ところが、二帖目第三通を見てみますと、これは「三箇条の掟の御文」なのですが、その三箇条の真ん中に、

一　諸神・諸仏・菩薩をかろしむべからず。

と、神や仏や菩薩をかろんじてはならないと、こういうふうにいわれているのです。一方では非常に厳しく「余道につかうることをえざれ」と言いつつ、一方ではかろしむべからずといわれているわけです。

親鸞聖人の神祇観

しかし、このことを考えるときには、やはり親鸞聖人にさかのぼって考えてみなければいけないと思うのです。この「御文」に出てまいります『般舟三昧経』のことば、あるい

は『涅槃経』のことばは、親鸞聖人も『教行信証』の「化身土巻」末の冒頭のところでお引きになっておられます。

それ、もろもろの修多羅に拠って真偽を勘決して、外教邪偽の異執を教誡せば、

『涅槃経』（如来性品）に言わく、仏に帰依せば、終にまたその余の諸天神に帰依せざれ、と。略出

『般舟三昧経』に言わく、優婆夷、この三昧を聞きて学ばんと欲わば、乃至　自ら仏に帰命し、法に帰命し、比丘僧に帰命せよ。余道に事うることを得ざれ、天を拝することを得ざれ、鬼神を祠ることを得ざれ、吉良日を視ることを得ざれ、と。已上

このように、同じ文章が「化身土巻」に引かれているわけです。

そのほか、御和讃の「愚禿悲歎述懐」の中にもあります。

五濁増のしるしには　この世の道俗ことごとく
外儀は仏教のすがたにて　内心外道を帰敬せり

かなしきかなや道俗の　良時吉日えらばしめ
天神地祇をあがめつつ　卜占祭祀つとめとす

親鸞聖人の神祇に対する立場というのは、神祇不拝という一つの立場が明確に出ておりま

す。しかし親鸞聖人の神祇観を明らかにしようとするときには、もうちょっと注意深く見ていかなければならないのです。たとえば『御消息集』第九通の中にこういう一文があります。

まず、よろずの仏・菩薩をかろしめまいらせ、よろずの神祇・冥道をあなずりすてたてまつるともうすこと、このこと、ゆめゆめなきことなり。世々生々に、無量無辺の諸仏・菩薩の利益によりて、よろずの善を修行せしかども、自力にては生死をいでずありしゆえに、曠劫多生のあいだ、諸仏・菩薩の御すすめによりて、いま、もうあいがたき弥陀の御ちかいに、あいまいらせてそうろう御恩をしらずして、よろずの仏・菩薩をあだにもうさんは、ふかき御恩をしらずそうろうべし。仏法をふかく信ずるひとをば、天地におわしますよろずのかみは、かげのかたちにそえるがごとくして、まもらせたまうことにてそうらえば、念仏を信じたる身にて、天地のかみをすてもうさんとおもうこと、ゆめゆめなきことなり。神祇等だにも、すてられたまわず、いかにいわんや、よろずの仏・菩薩をあだにももうし、おろかにおもいまいらせそうろうべしや。

これは親鸞聖人のお書きになったお手紙です。別人が書いたわけではありません。ここでは神祇をゆめゆめすてるなと書いてあるわけです。だから神祇不拝ということに合わせて言うならば、神祇不捨ということをおっしゃっているわけなのです。

東海大学の戸頃重基先生は、この問題について中公新書の『鎌倉仏教』（一四七頁）で、

一方では拒絶し、他方では妥協するような矛盾が親鸞の場合は、神祇観にも現われている。（中略）『正像末和讃』の神祇不拝の信仰が建長四年（?）九月二日の「念仏の人びと」にあたえた消息文では……

と、前の『御消息集』の本文を引き、続いて、

さきの一神教的信仰として有する非妥協的反神道観が、汎神論的仏教のひとつとして有する妥協的神道観へ移行しているのである。

と、親鸞聖人は晩年神祇に妥協したのだという立場を出していらっしゃいます。この御消息は建長七年（一二五五・戸頃氏は建長四年一二五二年としている）のものですから、確かに晩年のものですが、しかしさきほど見ました「愚禿悲歎述懐」和讃は、これよりも後の正嘉二年（一二五八）に書かれたものです。そうすると、これを晩年の妥協と見るのも変な話です。

しかし、確かに親鸞聖人は、あるときは不拝といい、あるときは神を捨てるなといわれ

ているのです。この点について、実はいろいろな先生がいろいろなことをおっしゃるのですけれども、なかなか説得力のある理解をしてくださるかたがありません。道徳的な立場でおっしゃったのだとか、世間通途の義でおっしゃったのだとか、あるいは法然上人の立場を伝承したのだとか、いろいろなことをおっしゃるのですけれども、なかなか説得力のある説明はありません。

神祇を否定媒介として弘願に帰す

そこで、これをどう考えるのかということですが、私は、親鸞聖人の神祇観というのは、神祇といえども、これは弘願、他力に帰していく一つの方便ととらえていると理解したいのです。考えてみれば、これは当然のことで、神祇を信ずる人は縁なき衆生だといって切り捨てるのは簡単なのですが、切ってしまったら、仏教ではなくなるのです。仏教は救済ですから、どんな人でも救っていかなければならない。ですから、あなたは神祇を信じていて、外道だから仏教徒ではありませんと切り捨てるのでは、仏教が宗教ではなくなってしまいます。

そしてさらに『一念多念文意』の中にこういう立場があります。

一念多念のあらそいをなすひとをば、異学別解のひとともうすなり。異学というは、聖道外道におもむきて、余行を修し、余仏を念ず、吉日良辰をえらび、占相祭祀をこのむものなり。これは外道なり。これらはひとえに自力をたのむものなり。

そうすると、親鸞聖人は、占相祭祀といったものも全部まとめて自力と見ていらっしゃる。いまこの『一念多念文意』では、「吉日良辰をえらび、占相祭祀をこのむものなり。これは外道なり。これらはひとえに自力をたのむものなり」と、外道であっても、なおかつそれらは自力をたのむものであるとおっしゃっておられるわけです。

それでは、親鸞聖人において自力というのはどういう意味を持っているのかということですが、御承知のとおり、親鸞聖人は比叡山で九歳から二十九歳まで御修行をなさった。それは自力聖道を学ばれたわけです。そしてその自力聖道があったから、そこで「いずれの行もおよびがたき身」という出会いを果たして、弘願他力の念仏に帰していかれたわけなのです。

では、九歳から二十九歳までのあの自力の修行が、弘願に帰したところから考えて無駄だったのかというと、無駄ではないのです。むしろ、そういう学びがあったからこそ、逆に「いずれの行もおよびがたき身」ということを信知して、弘願他力の「ただ念仏」というところへ帰っていったわけです。

『観無量寿経』の理解も同じことです。韋提希夫人を善導大師は凡夫と見ます。そして定善、散善という難しい修行方法が説かれますけれども、なぜ説いたのかといえば、『大経』に説かれる仏の弘願に帰するため、念仏に入らしめるためなのです。釈尊が韋提希夫人に、凡夫である韋提希夫人よ、一所懸命、定善、散善をやってみなさい、できますか、と問いかけられるのです。そして、韋提希夫人は第七華座観のところでギブ・アップしてしまったわけです。そうして、ふとこうべを挙げたら、空中に阿弥陀仏が住立していた。そこで韋提希は、「無限」に出会っているわけなのです。だから定善、散善というのは、いわば弘願、他力に帰する一つの方便だったわけです。その修行の成就し難いことが、「いずれの行もおよびがたき身」ということを韋提希夫人に信知させて、そしてただ念仏しかないと世界がうなずかれていったわけです。ですから定善、散善、十九願というのは、弘願に至るための方便なのです。

同じように、神祇も外道であり自力だと、こう親鸞聖人はおっしゃっているわけです。これはやはりすえとおらない道です。いくら病気を治してください、長生きさせてくださいというふうにお祈りしても、すえとおらない道です。そのすえとおらない、救われないという自覚が、逆にただ念仏しかないという世界を開く。だから神祇に迷っていた人であっても、神祇そのものにひたすら打ち込んだけれどもまるで救われなかったということが逆縁となって、逆に弘願念仏、他力の念仏に目覚めていくわけです。

そういう意味では、神祇を信じているからといって、切り捨てることはいらないのです。切り捨てたら、仏教ではなくなるのです。あなたは外道だから、あっちへ行きなさいというのではありません。外道を信じている人に対して、「それがすえとおった道なのですか」という問いかけを、仏教はするのです。そして、すえとおらないという自覚をさせてから、弘願他力に帰させるのです。だから、親鸞聖人が「方便の巻」つまり「化身土巻」で神祇を扱っていらっしゃるということは、まさにそのことを意味しているのだと思います。弘願他力に帰したあとで振り返ってみたら、神祇に迷っていたことのおかげで、逆に迷っていたということが一つの契機になって、念仏に出会っていくことができた。そうすると、そこに御恩があるわけなのです。

しかし、これはけっして神祇を肯定する論理ではありません。神祇や物忌みを肯定する論理ではないのですから、あくまで神祇不拝なのです。けれども、その神祇に迷っていた自分の事実そのものが、逆に他力に帰していく一つの手立て、否定媒介としての方便になったのです。そういう意味で親鸞聖人は、神祇を見ておられたのではないかと思います。つまり、私は神祇方便説という立場で理解しているのです。『御消息集』のお手紙を読み直しても、やはり神祇に対して、他力念仏に出会う機縁を作るはたらきをしてくれたという、そういう御恩を感じておられるように思います。

方便というのは、なんでもかんでも認めるという意味での方便ではないのです。弥陀一仏ですから、本来、神祇不拝なのです。けれども、迷っていたものがその迷いということを手立てにして、つまり、神祇を手立てにして、弘願他力に帰したのだという、そういう方便なのです。

次第にゆがむ真宗の神祇観

ところが、そういう親鸞聖人の神祇に対する立場というのが、実は浄土真宗のその後の歴史の中でゆがんでいってしまうのです。時代と共に親鸞聖人の御趣旨とは違った形になっていきます。

『御伝鈔』を読みますと、平太郎の熊野詣とか、箱根権現の一段というのが出てまいります。この権現というのは、本地垂迹思想によるものです。鎌倉時代から後、すこしたちまして、本地垂迹思想ができ上がってきます。本地は仏である、けれども表の形は神であるというのが本地垂迹です。つまり仏教と民族宗教とが融合されて、本地は仏である、けれども仮の姿で表向きは俗神の神の形をしているといわれるようになるのです。

そこで、覚如師のころ、あるいは存覚師のころになってまいりますと、その本地垂迹思想が真宗に取り入れられるようになるのです。その結果、存覚上人は、神についてこういうふうな考え方をするようになるわけです。たとえば存覚上人の『諸神本懐集』を見てみますと、

一つは、権社の霊神を明かし、本地の理証をとうとむべしと。

権社の本性、つまり本地は何なのかを明らかにして、その本地の真理のあかし、つまり利益とはたらきをとうとむべしといわれています。

そして二番目には、

実社の邪心をあかし、生死の思いをやぶるべし。

「実社の邪心をあかし」というのは、蛇の神とか、山の神とかの土着信仰的な神の邪な心を明らかにするということです。その邪心をあかし、生死のとらわれの思いを破れといわれています。

そして、

諸神の本懐をあかし、仏法を行じ、念仏を修すべきこと。

「諸神の本懐」というのは、何のためにその神が現れているのかということです。「権現」として現れているのですけれども、それはほんとうは仏なのです。ただ神の形をして現れてきている。ですから、そういうふうにして現れてきた意味を明らかにして、仏法を行じ、念仏を修すべきであると言われるのです。

親鸞聖人の中にはこんなことは出てこないのですけれども、存覚上人は神を、実社と権社の二つに分けています。実社というのは、いわゆる地の神や山の神で、人間の不安や恐れをはらう神です。それに対して権社というのは、これは権現ですから、表面的には神の形をしているが、本地は仏なのです。ですからこちらは仏と同じように見られる。したがって、この神は、本地に出会わせるための方便だというわけなのです。

これは、さきほど私が申し上げた方便とは、ちょっと違います。さきほど私が申し上げた方便は、弘願に帰した後から振り返ると、神に迷っていた出来事も、定散二善と同じように弘願に目覚める一つの手立てだったのだという意味の方便です。いまは対象物そのものを方便といっているわけです。

そうしますと、そういうふうに論がちょっと変化してきているわけなのです。親鸞聖人の中に、このような実社とか権社とかいうことばはございません。

存覚上人の『六要鈔』の中にも、

これらみな邪神につかうることは損なうありて益なしをいましむ。権社においてはこのかぎりにあらざるか。なかんずくわが朝、これ神国なり。王城鎮守諸国擁衛諸大明神、その本地をたずねれば往古より如来法身大士、相同じべからずと、

こういう記述が出てまいります。これを存覚上人は、天台宗の思想からとられたのです。天台宗では、早くから本地垂迹思想を取り込んでいました。比叡山にも二つの顔があるのです。延暦寺と、それから坂本に日吉神社というのがあって、二つの顔を持っているわけです。だから天台宗でもそのころ非常にこういう論議が盛んになって、そこから神仏混交というような形態をとっていくわけです。その天台宗の論でいきますと、たとえば本地である仏は真如法性だと。それに対して権現は応化身、あるいは応身、あるいは方便だと、こういうのです。このように、仏教が日本の民族宗教と結びつくような形で展開していきます。

真宗を再興された蓮如上人

本願寺というのは、覚如上人が寺号をとって、本願寺を建立されたのです。ところが、これは天台宗の末寺だったわけで、青蓮院の支配下にありました。それが名実共に独立して真宗という形をとっていくのは、蓮如上人以降です。それまでは、表向きは天台宗の末寺ですが、内実は親鸞聖人の教えを伝えていくという、そういう両面の顔を持っていました。蓮如上人のころになって、勤式作法も、天台宗の勤式作法をやめて『正信偈』六首引きに切り替えられたのです。あるいは護摩壇を風呂のたきぎにしたという話も伝わっています。そして寺銭ももう納めないということになって、その結果、寛正六年正月八日、第一回目の比叡山の大谷破却があり、本願寺を攻撃してきます。二回目が四月にありまして、結局あの寛正の弾圧で大谷本願寺は木端微塵になってしまうのです。それで蓮如上人は近江へ逃げ延び、吉崎へ行かれるのです。そして吉崎で本格的に『正信偈』六首引きのお勤めをするために、和讃を開版するわけです。それが文明版の「三帖和讃」です。

そうしますと、蓮如上人のときにはじめて真宗教団は親鸞聖人に帰ったといってもいいのでしょう。ところが、それ以前は天台宗の末寺ですから、やはり天台宗の影響というのは、当然あってしかるべきなのです。真宗教団の歴代門主は、みんな天台宗で得度しているわけですから、天台宗の僧なのです。ただし、青蓮院での得度は、その後も続きます。そうしますと、真宗教団に天台宗の立場が入ってきても、これは致し方のないことではないでしょうか。

ところが、蓮如上人がそれを破って親鸞聖人に帰られた。そういう意味では、非常にすっきりとした形になったのです。一帖目第九通の「御文」には、そのことが明確に示されています。これを見ていると、ほんとうにすっきりしています。『涅槃経』の文を根拠として、吉良日を選ぶなと言われ、あるいは三宝に帰依をして、余道、外道につかえることを得ざれといういうことがはっきりと教えられています。

このように蓮如上人は、きちっと真宗の本義ということを押さえていらっしゃる。そういう意味で、真宗教団を親鸞聖人の立場にきちっと戻したということが考えられるわけです。

ところが、さきほどもすこし見ました二帖目第三通の「御文」では、

一　諸法・諸宗ともにこれを誹謗すべからず。
一　諸神・諸仏・菩薩をかろしむべからず。
一　信心をとらしめて報土往生をとぐべき事。

右この三か条のむねをまもりて、ふかく心底にたくわえて、これをもって本とせざらんひとびとにおいては、この当山へ出入を停止すべきものなり。

こうあります。さらには、

一　神明ともうすは、それ、仏法において信もなき衆生の、むなしく地獄におちんことを、かなしみおぼしめして、これをなにとしてもすくわんがために、かりに神とあらわれて、いささかなる縁をもって、それをたよりとして、ついに仏法にすすめいれしめんための方便に、神とはあらわれたまうなり。しかれば、いまのときの衆生において、弥陀をたのみ信心決定して、念仏をもうし、極楽に往生すべき身となりなば、一切の神明は、かえりてわが本懐とおぼしめして、よろこびたまいて、念仏の行者を守護したまうべきあいだ、とりわき神をあがめねども、ただ弥陀一仏をたのむうちにみなこもれるがゆえに、別してたのまざれども信ずるいわれのあるがゆえなり。

一　当流のなかにおいて、諸法・諸宗を誹謗することしかるべからず。いずれも釈迦一代の説教なれば、如説に修行せばその益あるべし。さりながら、末代われらごときの在家止住の身は、聖道・諸宗の教におよばねば、それをわがたのまず、信ぜぬばかりなり。

一　諸仏・菩薩ともうすことは、それ、弥陀如来の分身なれば、十方諸仏のためには、本師本仏なるがゆえに、阿弥陀一仏に帰したてまつれば、すなわち諸仏菩薩に帰するいわれあるがゆえに、阿弥陀一体のうちに諸仏・菩薩はみなことごとくこもれるなり。

こういう言い方がされているのです。

そうしますと、やはりこれは、天台宗の影響によるところの本地垂迹の思想を引きずっていると言わざるを得ません。たしかに一切諸仏は弥陀一仏に帰したてまつるというのは、真宗の基本的な考え方です。そういう意味で言うならば、すべての神や諸仏も、また十九願、二十願も、一切が十八願に帰していく一つの手立てなのです。だから十九願、二十願のような立場で説かれている仏教であっても、それは十八願に帰していく一つの手立てなのだから、最後は全部弥陀一仏に収まるということです。ですから諸仏、諸菩薩は阿弥陀一仏に帰したてまつるという立場は、それはそれでいいのです。けれども、「かりに神とあらわれて、いささかなる縁をもって」というのは、やはりその時代の限界といいますか、時代の背景というものがそこに現れてきていると思うのです。

そういう意味で私は、なにも蓮如上人を絶対視する必要はないと思います。蓮如上人は室町という時代を背負いつつ、仏法に目覚めていかれた。親鸞聖人の教えに帰っていかれた。だからその一点はきちっと押さえるべきであって、親鸞聖人の中には、実社とか権社とか、「かりに神とあらわれて」というような、そういう所説はないわけですから、そのところはきちっと見ていかなければなりません。なにもかも絶対肯定する必要はないのではないかと思います。

しかし、蓮如上人の神祇観を見ていきますと、やはりさきほど申しましたような、諸神、諸菩薩に迷っていたことが逆に真実に帰っていく一つの手立てになるのだというような所説もないことはないわけなのです。

物忌みを破る仏教の教え

ところで、このように日を選び、方角を選ぶということがどこから起きてくるのかということについて考えてみたいと思います。こういう物忌み、タブーがどこから生まれてくるのかということですが、それはよくよく考えますと、結局は不安であり恐れであるわけです。しかしその不安とか恐れというのが何から来るかといえば、物事をきちっと見ないというところから来るわけなのです。たとえば、タブーでいちばん多いのは、死に関するタブーです。夜爪を切ると、親と早く別れるとか、三人で写真を写すとどうだとか、いちばん多いのは、やはり死に関するタブーです。それはやはり、事実を事実として見ないところから、タブーが増幅されていくからでしょう。今日のオカルトブームだとか、あるいは占いブームというのも、考えてみたら、事実を事実として明確に認識していないことで、いっそうそういったものがはやってくる。事実を事実として見ないということの裏返しの現象ではないかと思われます。

たとえば暗い夜道を歩いていて、古縄が落ちている。遠くから見ますと、ヘビではないかと思って、恐れをいだくわけです。その恐れや不安を取り除くために、神があるのです。ところが近くへ行ってそれを見たら、「なんだ、古縄じゃないか」ということになるわけです。結局、事実を事実として見ないということが、虚妄、妄想を作っていくのです。

老いにしろ、死にしろ、病にしろ、われわれは何に苦しんでいるかといえば、虚妄に苦しんでいるわけです。苦の原因は、虚妄であり妄想なのです。たとえば老いの苦しみというのはどこから来るのかといえば、私の頭の中では自分はいつまでも若いと思っている、その虚妄が苦しみの原因なのです。若いはずの私に、どうしてこんなに白髪が生え、しわができているのか。その思い込みと事実のギャップが、老いの苦しみです。

ところが仏教では、事実を見つめなさいという。誕生の瞬間から着々と老いていく身なのだから、老いてあたりまえです。その事実を見つめれば虚妄が破れる。病もいっしょです。われわれは健康があたりまえだと思っている。だから健康があたりまえなはずの私が、どうして病院のベッドに横たわらねばならないのか。あっちへ祈り、こっちへ祈りしている間に、病気がひどくなる。それも、健康があたりまえだという思い込みが苦悩の原因なのです。事実を見たら、事実は生身の体なのですから、健康なときもあれば、病むときもある。病んであたりまえなのです。そのときに、健康があたりまえという虚妄が破れるわけなのです。

死も同じです。人は死んでも、私は死なないと思っておりますが、事実を見たら、その虚妄が破れます。われわれはその虚妄によって苦しめられているのです。仏教では、事実、「如」というところに立っていくわけですから、あたりまえをあたりまえと見るのです。老いてあたりまえ、病んであたりまえ、死んであたりまえ。つまり事実を直視する。事実を見つめるということにおいて、人間の虚妄を破っていくのです。苦悩の原因は虚妄によるわけですから、仏教では事実を見つめて虚妄を破るという形で苦悩を越えていくわけなのです。

だから不安や恐れの原因は、事実をありのままに見つめないことから起こるのです。それがオソレ、タタリを除くという神祇信仰に結びついていくのです。それを打破する仏教本来の立場が、蓮如上人の「御文」にもはっきりと表れています。そういう意味で、蓮如上人は、仏教本来の立場に帰っているということが言えるのではないかというふうに思うわけです。

この一帖目第九通の「御文」は、非常に柔らかいことばなのですけれども、そこには、自然のままに事実そのものを見つめて受け止めていくとき、タブーを破り、呪縛から解放されるという仏教の本来の立場が教えられていると言っていいと思います。

二　浄土真宗の名告り――一帖目第十五通

問うていわく、「当流を、みな、世間に流布して、一向宗となづけ候うは、いかようなる子細にて候うやらん。不審におぼえ候う。」

答えていわく、「あながちに、わが流を一向宗となのることは、別して祖師もさだめられず、おおよそ阿弥陀仏を一向にたのむによりて、みな人のもうしなすゆえなり。しかりといえども、経文に「一向専念無量寿仏」（大経）とときたまうゆえに、一向に無量寿仏を念ぜよといえるこころなるときは、一向宗ともうしたるも子細なし。さりながら開山は、この宗をば浄土真宗とこそさだめたまえり。されば一向宗という名言は、さらに本宗よりもうさぬなりとしるべし。されば、自余の浄土宗は、もろもろの雑行をゆるす。わが聖人は雑行をえらびたまう。このゆえに真実報土の往生をとぐるなり。このいわれあるがゆえに、別して真の字をいれたまうなり。」

またのたまわく、「当宗をすでに浄土真宗となづけられ候うことは、分明にきこえぬ。しかるにこの宗体にて、在家のつみふかき悪逆の機なりというとも、弥陀の願力にすがりて、たやすく極楽に往生すべきよう、くわしくうけたまわりはんべらんとおもうなり。」答えていわく、当流のおもむきは、信心決定しぬればかならず真実報土の往生をとぐべきなり。さればその信心というはいかようなることぞといえば、なにのわずらいもなく、弥陀如来を一心にたのみたてまつりて、その余の仏菩薩等にもこころをかけずして、一向にふたごころなく弥陀を信ずるばかりなり。これをもって信心決定とはもうすものなり。

一向宗という宗名

今回は一帖目第十五通を取り上げます。この一帖目第十五通は、宗名、宗派の名まえをテーマにした一段です。文明五年（一四七三）というのは、蓮如上人が吉崎におられるときで、文明六年が吉崎炎上の年ですから、そのすこし前になるわけです。文明五年には、文明版が開版され、そして遠国近国から人々が群参をする。それで諸人の出入りを制限するというふうなことをなさった年でもあります。そんな年の九月下旬に蓮如上人は山中温泉へ湯治に行かれたようで、その先で、この「御文」を書かれているのです。奥書に「加州山中湯治之内」とありますから、温泉で書いたことはまちがいないと思います。

この「御文」は最初に、「当時、一般に世間に流布して、本願寺教団のことを一向宗、こう名づけて流布している。これはどのような理由でそのように言われるのでしょうか。不審に思います」、こういうふうな問いを立てているわけです。それに対して蓮如上人は、一向宗と名告るのはまちがいで、浄土真宗と言うべきであると答えておられます。

歴史の教科書を見ますと、一向一揆ということが出てきます。この一向一揆というのは、本願寺門徒つまり一向宗と地方の豪族との争いです。それが一向一揆と呼ばれるということは、当時本願寺門徒が一向宗と呼ばれていたということでしょう。ところが、この一向宗という呼び名は、いまこの「御文」にありましたように、真宗の側から、つまり、本願寺の側から使ったことばではないのです。もともとこの一向宗というのは、善慧房証空上人のお弟子で、一向俊聖という人の流れの系統を呼んだ名まえだったのです。近江の番場（滋賀県米原町）にある蓮華寺が一向宗の本山でした。

ところが、それとは別に、本願寺が一向宗と呼ばれるようになったのです。それは、たぶんに他の浄土教団の意図があったわけなのです。なぜかと申しますと、本願寺を浄土真宗といいますと、浄土宗を名告っている教団からすれば、「それでは、われわれのほうは浄土仮宗なのか」ということになって、こころよしとしないものがあるわけです。ですから、本願寺教団のことを一向宗と呼んでいたのだと思います。

では、蓮如上人当時、法然門下の流れはどのようになっていたのかを見ておきたいと思います。法然上人の門下は、『法水分流記』によりますと、四門徒五義が数えられています。四つの門徒と、それから五つの教義的特色を持ったグループがあったようです。四門徒というのは、まず白川門徒・信空、それから紫野門徒・源智、嵯峨門徒・湛空、そして大谷門徒・親鸞の四つです。五義というのは、一念義・幸西、多念義・隆寛、鎮西義・聖光、西山義・証空、そして諸行本願義・長西の五つの義をいいます。法然上人の教えは、おおむねこのような流れをもって伝えられていたのです。

ところが、蓮如上人のころになりますと、大谷門徒である大谷本願寺、それから西山義、鎮西義、諸行本願義の四つの流れが残っただけで、あとは全部消えるか吸収されていたのです。そしてさらに今日では、本願寺と鎮西浄土宗と西山浄土宗の三つの流れしか残っていないということなのです。

浄土真宗の開祖は法然上人

ところで、親鸞聖人は、自分が宗派を開いたなどという意識は全然ありません。親鸞聖人はどこまでも「よき人のおおせをこうむりて信ずるほかにべつの子細なきなり」という立場です。『正信偈』には「本師源空明仏教、憐愍善悪凡夫人、真宗教証興片州」とありまして、法然上人が真宗を片州に興されたと親鸞聖人はおっしゃっているわけです。また「源空和讃」には、

智慧光のちからより　本師源空あらわれて
浄土真宗をひらきつつ　選択本願のべたまう

とおっしゃっています。真宗は、あくまでも法然上人を原点としてとらえていて、この考え方は、蓮如上人の時代でも残っているわけなのです。

たとえば、『蓮如上人御一代記聞書』の一二四条には、

「『御文』は、如来の直説なり」と、存ずべきの由に候う。「形をみれば法然、詞を聞けば弥陀の直説」と、いえり。

とあります。「形をみれば法然、詞を聞けば弥陀の直説」と言われるのですから、弥陀の直説を法然という人を通して聞いていくという、そういう基本的な立場というのが残っているわけです。このように、親鸞聖人からしてみれば、浄土宗が真実の宗だから、浄土真宗といっているわけなので、べつに新たに浄土真宗という一宗を興したという意識ではな

いのです。

法然上人も浄土真宗という言い方をされているときがあるのです。あるいは逆に、親鸞聖人も浄土宗という言い方をしておられます。たとえば『末燈鈔』第六通に、「故法然聖人は、『浄土宗のひとは愚者になりて往生す』と候いしことを、たしかにうけたまわり候いし」とあります。この「浄土宗」というのは、親鸞聖人自らも、浄土宗だという意識でおっしゃっているのです。ですから親鸞聖人の中に新たに宗をつくったというような意識は全然ない。文字どおり浄土宗が真実の宗であって、真実報土へ行く宗だ。だから「真」という字を入れているにすぎないのです。ですから、親鸞聖人の意識からすれば、浄土宗も浄土真宗も同じなのです。

ところが、浄土宗や浄土真宗がそれぞれ教団という形をとってきたときに、浄土宗と区別して、やはり親鸞聖人が「謹んで浄土真宗を案ずれば」と『教行信証』でおっしゃっているものですから、この教団を浄土真宗という教団名で名告っていくことになっていくわけなのです。

浄土宗に真あり仮あり

また違う視点から見てみますと、親鸞聖人は、法然上人の教えをそのまま受けているけれども、他の人々は法然上人の教えを違うものにしてしまっているというお考えがあるのです。ですから、親鸞聖人としては、自分こそが「よきひと」法然のおおせのままの浄土宗であり、浄土真宗であるという意識があったのだと思います。『御消息集』に、

法然聖人の御弟子のなかにも、われはゆゆしき学生なんどと、おもいたるひとびとも、この世にはみなようように法門もいいかえて、身もまどい、ひとをもまどわして、わずらいおうてそうろうなり。(『御消息集』第一通)

ただ聖人の御弟子にてそうらえども、ようように、義をもいいかえなんどして、(『御消息集』第三通)

こうおっしゃっているわけです。ですから、親鸞聖人からしてみれば、よき人のおおせをまさに素直に受け継いできているのは自分だというふうな意識があるわけです。

もう一つ『末燈鈔』の第一通を見ていただきたいと思います。

来迎は諸行往生にあり。自力の行者なるがゆえに。臨終ということは、諸行往生のひとにいうべし。いまだ、真実の信心をえざるがゆえなり。また、十悪五逆の罪人の、

はじめて善知識におうて、すすめらるるときにいうことばなり。真実信心の行人は、摂取不捨のゆえに、正定聚のくらいに住す。このゆえに、臨終まつことなし、来迎たのむことなし。信心のさだまるとき、往生またさだまるなり。来迎の儀式をまたず。正念というは、本弘誓願の信楽さだまるをいうなり。この信心うるゆえに、かならず無上涅槃にいたるなり。この信心を一心という、この一心を金剛心という、この金剛心を大菩提心というなり。これすなわち、他力のなかの他力なり。また、正念というにつきてふたつあり。ひとつには、定心の行人の正念。ふたつには、散心の行人の正念あるべし。このふたつの正念は、他力のなかの自力の正念なり。定散の善は、諸行往生のことばにおさまるなり。この善は、他力のなかの自力の善なり。この自力の行人は、来迎をまたずしては、辺地・胎生・懈慢界までも、うまるべからず。このゆえに、第十九の誓願に、諸善をして浄土に廻向して往生せんとねがうひとの臨終には、われ現じてむかえんとちかいたまえり。臨終まつことと、来迎往生ということは、この定心・散心の行者のいうことなり。選択本願は、有念にあらず、無念にあらず。有念はすなわち、いろかたちをおもうについていうことなり。無念というは、形をこころにかけず、いろをこころにおもわずして、念もなきをいうなり。これみな聖道のおしえなり。

来迎、つまり臨終のときに仏さまのお迎えをいのることを諸行往生といって、退けておられます。いわゆる雑念を払って、心を凝らす定善、悪を廃して善を修する散善、これらの行によって徳を積み、仏の迎えにあずかるすばらしい死に方を祈るのです。そして、その行の中に祈りのための念仏行を含めた立場、あるいは凡夫だから定善・散善はできないから祈りの念仏行で来迎を祈るという立場を親鸞聖人はことごとく否定しているのです。

そして続いて、

浄土宗にまた、有念あり、無念あり。有念は散善義、無念は定善義なり。浄土の無念は、聖道の無念にはにず。また、この聖道の無念のなかに、また有念あり。よくよくとうべし。浄土宗のなかに、真あり仮あり。真というは、選択本願なり。仮というは、定散二善なり。選択本願は浄土真宗なり。定散二善は方便仮門なり。浄土真宗は大乗のなかの至極なり。方便仮門のなかにまた大小権実の教あり。釈迦如来の、御善知識者、一百一十人なり。『華厳経』にみえたり。

つまり定善・散善、あるいは定心や散心の福徳や滅罪を祈る念仏、これらをすべて浄土宗の中の「仮」と見ているのです。これは明らかに臨終来迎を教義の中心にすえている鎮西や西山を指しています。そこに、はっきりと、浄土宗に「真あり仮あり」とあります。いま蓮如上人は「御文」の中で、一向宗ではない、浄土真宗というのだといっておられる。しかしその浄土真宗というのは、「自余の浄土宗は、もろもろの雑行をゆるす」、それに対して「わが聖人は雑行をえらびたまう」、だから「真」の字を入れたのだ、こうおっしゃっております。その水際といいますか、違いをはっきりしないと、浄土真宗か浄土仮宗か、真仮の分判がつかないわけです。

『観無量寿経』の理解のしかた

それは実は『観無量寿経』の理解のしかたの違いというふうに考えていただいてもけっこうなのです。親鸞聖人以外の立場というのは、一念義、多念義、西山義、鎮西義、諸行本願義すべてが、いわゆる念仏を一つの実践修行としてとらえています。

『観無量寿経』という経典は、御承知のとおり最初に王舎城の悲劇が説かれています。頻婆娑羅王と韋提希夫人との間に、阿闍世という王子がいました。当初この王と后には子どもがなくて、占い師から仙人の身代わりで子どもが授かるのだと言われ、その仙人を殺してしまったわけです。それで韋提希夫人は阿闍世を身ごもりました。しかし、王は、生まれてくる子どもが怨みを抱いているのではないかと恐れ、高い楼閣から地に棄てさせたのです。しかし、子どもは、指を一本折っただけで助かったのです。

ところが、提婆という悪い友だちがその出生の秘話を阿闍世に告げたのです。それで阿闍世は、怒って王を牢獄に幽閉し、さらに食べ物を運んでいたお妃も牢獄に幽閉してしまいました。そして牢獄に幽閉された韋提希に対して、釈尊が説法されるわけです。その説法の内容が最初は定善、つまり雑念を払って心を凝らすという瞑想法、そしてその次には散善、つまり悪をやめて善を修するという道徳行が説かれます。ところが、なぜか『観経』の結論は念仏になっているのです。

このことをどう理解するかによって、『観経』に対する見方が違ってくるのです。隋の終わりから唐の初めの中国の学者たちは、『観経』の登場人物はみんな仏の化身だと理解しました。そして、その化身が現れて、釈尊に定善・散善を説かせる機縁をつくったのだ。だからこの『観経』の主題は定善・散善であると理解したわけです。

ところが善導大師は違いました。経典の中の韋提希夫人は凡夫であるとしたのです。これは『観経』の中に、「汝はこれ凡夫なり」と説いてあるからです。ではその凡夫である韋提希夫人に、釈尊はなぜ難しい定善、散善といった修行方法を説いたのか。日想観とか水想観とか地想観とか、瞑想をして心を純粋にしていくという修行方法を説いたのか。あるいは悪を廃して善を修する。いろいろな徳目をたくさん書いて、それをやりなさいと説いたのか。

善導大師は次のように理解しました。それは凡夫なるがゆえに、釈尊はあえてこれを説き、その結果、韋提希夫人に「いずれの行もおよびがたき身」であるという自覚をもたらし、そして「ただ念仏しかない」ということを明らかにしようとされたと理解されたのです。だからこそ流通分に、

汝好くこの語を持て。この語を持てというは、すなわちこれ無量寿仏の名を持てとなり。

とあるように、念仏が結論になっているのだと理解されたわけなのです。

それまでの理解だと、『観経』は定善・散善という難しい修行方法が説いてある経典だということになります。ところがいま善導大師の解釈に立ちますと、『観無量寿経』は念仏を説いた経典だということになります。しかも、その念仏というのは他力の念仏、如来の本願のはたらきとしての念仏なのです。こちらから力んで、自分の徳を高めるためとか、善を修するための念仏ではないわけなのです。このように理解されたのです。

念仏を手段化する心

そこで考えていただきたいのですけれども、法然門下の諸流は、一念義、多念義、諸行本願義などいろいろありますが、そういった義というのはお念仏を称えるのは称えるのですけれども、お念仏を一つの善根、徳目を積む手段と考えるのです。ですから、数多く念仏を称えることによって、自分の価値を高めて、そして仏のほうに向かっていこうとする。あるいは諸行本願義では、お念仏だけでは足りないから、ほかの行も合わせて行ないながら、徳を積んで、自分の価値を高めて、仏に向かっていこうとするのです。

あるいは一念義では、一声の念仏でいいのだけれども、その一声の念仏で臨終に正念を得て、仏の来迎にあずかる。そういう目的のために念仏を称えるのです。ですから、いずれも念仏が手段であり、さらにはそれを称える心が功利と打算の心でしかないのです。その念仏は、自分の徳を高めるとか、御利益を得るとか、欲得を満たしていくとかという、そういう手段です。いわゆる自力の念仏になってしまうのです。

親鸞聖人は、そういう立場をことごとく否定していきます。「定散二善は報土の真因にあらず」と言い切られています。仏教というのは、ほんとうにおもしろいのです。つかもう、つかもうとすると、遠くへ行ってしまうというのです。つかもう、つかもうとすると、求めたいものに心が奪われて、よけいそれにとらわれて、それがつかめなくなるのです。逆に、その握る手が緩んだときに、そういう世界が得られるのです。ですからお念仏をたくさん称えて、上手に死のうとか、心安らかに死のうとか、そんなことを思えば思うほど、思うように死ねなくなります。上手に死ぬのがよくて、下手に死ぬのはだめだとか、安らかに死ぬのはよくて、安らかでないのはだめだとか、そういう思いにとらわれていくわけですから、その思いで一所懸命徳を積んで、お念仏を称えて安らかに死のうとしても、だめなのです。どうしてかというと、上手に死ぬのがよくて、下手なのはだめだという価値観にとらわれているからです。

では、どうすれば安らげるかといえば、痛いときは痛いと言い、苦しいときは苦しいと言い、どんな死に方をしてもよしと腹が座ったときに、逆に安らげるのです。安らかがよくて、安らかでないのがだめなのではありません。どんな死を迎えてもいいのだと腹が座ったら、ありのままです。だれも好き好んで寝たきりになっているわけではないし、だれも好き好んで痴呆症になっているわけではないのです。それも、思いを超えた出会いなのですから、思いを超えた出来事なのですから、だから痛いときは痛いと言う。ぼけてもいいじゃないか、あるいは寝たきりになってもいいじゃないかと腹が座ったとき、逆に悠然と落ち着けるのです。

御利益を求めて、念仏をその手段として追い求めていっても、つかめないのです。結局は、その思いに縛られて、がんじがらめになって、苦悩の世界のままなのです。縛られた思いのままなのです。その思いから解放されることはないわけなのです。

ですから、そういう手段としての念仏を、親鸞聖人はことごとく否定されました。

おおよそ大小聖人・一切善人、本願の嘉号をもって己が善根とするがゆえに、信を生ずることあたわず、仏智を了らず。(「化身土巻」本)

このように、『教行信証』の中で、念仏を己の善根として手段化したのでは信心を得ることはできないとおっしゃっているのです。そのように、お念仏を手段化しようとする世界が仮の世界であり、浄土仮宗なのです。こういう思いというのは、なにも対象的に私の外にあるだけではなくて、私の心の中にもあるのです。一念義も多念義も諸行本願義も、全部私の心の中にあるのです。私の心の中でお念仏を手段化して、お念仏だけでは頼りないから、ついでに観音信仰もやりましょうかとか、あるいはあっちも祈りましょうとかいう諸行本願義と同じ考え方が、私の思いの中にもあるわけです。一声の念仏では頼りない、たくさん称えたほうがいいのではないか、たくさん称えたほうが上手に死ねるのではないかというように、私の心の中に多念義もあるのです。また、口に声を出してナンマンダブツと称えてもしかたがない、観念の念仏でなければいけないと考えて、その観念で力んで祈ることによって、呪術的な方向に走っていく。そういう一念義的な考えが、私の思いの中にもあるわけです。

親鸞聖人は、そういった考え方を浄土仮宗だと言われるのです。『末燈鈔』では「定散二善は方便仮門なり」といわれ、だから浄土宗の他の教団はすべて浄土仮宗だと言っておられるように思われるかもしれませんが、ほんとうの批判対象は、浄土宗の諸流ではなくて、自分の中にある浄土仮宗的な思いなのです。でも、その定散二善は方便仮門だと言われるのですから、それらは、すべて私たちに真実の他力念仏に気づかしめる手立てなのです。

自力の心を破る智慧の念仏

方便というのは、真実から出て、真実にあらざるものを真実に導く手立て、それが方便です。だから方便も仏のはたらきです。

私たちは、この定善、散善、あるいは念仏を手段化しようとする定散二善の心、そのおかげで自分が「いずれの行もおよびがたき」身であるということがわかるわけでしょう。これがなかったら、私たちはやはり真実に気づけないのではないでしょうか。一所懸命力んで心を静寂に保って、そして真実になっていこう。あるいは善を積んで、悪いことをやめる。また、お念仏を手段にして、お念仏によって心を静寂にしよう。お念仏によって悪いことをやめて、いいことをして、徳目としてお念仏を称えていく。

ところが、それはどれだけ一所懸命しても、自らの救いにはならない。安らかに死のうと思って、一所懸命お念仏する。臨終のときに正念を得て、仏さんのお迎えにあずかろうと思って、一所懸命念仏する。ところが上手がよくて、下手はだめだという価値観が心の中にあるかぎり、どこまで行ってもその思いに縛られて、安らげない。ところが、その思いを離れて、自然に帰ったときに、あるがままに帰ったときに、解放され、安らげるわけです。そして、そのときにはじめて自分がいずれの行もおよびがたき身であることに気づかされ、ただ念仏しかないと目が覚めるのです。しかもその念仏というのは、こちらから手段化したり、祈ったりする念仏ではなくて、ただただ如来の呼び声としての大行です。如来のはたらきとしての念仏です。自己を超えた世界の念仏なのです。

蓮如上人は、六字のいわれを再三お説きになります。善導大師のことばを引かれまして、「南無というは帰命なり、またこれ発願廻向の義なり」と、いたるところでそのいわれをお説きになっております。南無というのは頭が下がる。阿弥陀仏に頭が下がったということです。自己を超えたものがあるということがわかったということです。だから誕生も思いを超えたもの、死も思いを超えたもの、つまり、絶対無限の妙用の中にわれわれが生かしめられている。その大きなものに出会う。その大きなものがあるのだという呼び声がお念仏なのです。

そのお念仏を自我の中に取り込んで、手段にしようとして力んで苦しんでいるのです。そういう無明のわれわれに対して、それを突き破ってくる智慧としての念仏なのです。だからそういう仏のはたらき、如来の呼び声としての念仏、その大きなものに出会ったら、それ以降はその絶対無限の妙用に生かされ、支えられているということに対する報恩の念仏だと、蓮如上人はこうおっしゃっているわけです。自分の力で生きているのではないのですよ、大きなものに生かされ、支えられている。絶対無限の妙用に生かしめられている。それに気づいたら、その絶対無限の妙用に対する報恩の念仏が口をついて出てくると言われるのです。

信というのは、如来選択なのです。衆生の選択ではないのです。如来選択というのは、如来が私たちのために選ばれた大いなる願いということです。それはまさに、絶対無限の妙用にほかならないのです。

如来のよきこころにてたすかる

もう一度「御文」に戻りましょう。蓮如上人は、「自余の浄土宗は、もろもろの雑行をゆるす。わが聖人は雑行をえらびたまう。このゆえに真実報土の往生をとぐるなり。このいわれあるがゆえに、別して真の字をいれたまうなり」と言われました。しかしこれは単に他宗、他教団を批判しておられるのではないのです。他教団を仮であると批判するのではなく、自らの中にある浄土仮宗の思いを批判しておられるのです。そのように、自らの仮を問うことによって、真に帰らせていこうというのが蓮如上人のお心なのです。

そのことが次の第二問答でいよいよ明らかにされてきます。第一問答は、これはやはり相対的な言い方が表に出ているのだろうと思います。

それでは、第二の問答を見てみましょう。

またのたまわく、「当宗をすでに浄土真宗となづけられ候うことは、分明にきこえぬ。

しかるにこの宗体にて、在家のつみふかき悪逆の機なりというとも、弥陀の願力にすがりて、たやすく極楽に往生すべきよう、くわしくうけたまわりはんべらんとおもうなり。」

答えていわく、当流のおもむきは、信心決定しぬればかならず真実報土の往生をとぐべきなり。さればその信心というはいかようなることぞといえば、なにのわずらいもなく、弥陀如来を一心にたのみたてまつりて、その余の仏菩薩等にもこころをかけずして、一向にふたごころなく弥陀を信ずるばかりなり。これをもって信心決定とはもうすものなり。

ここで蓮如上人は、信心というのは、「弥陀如来を一心にたのみたてまつりて」とか「一向にふたごころなく弥陀を信ずるばかりなり」といわれています。これもこちらから力んで、祈って信ずるということではないのです。また、御利益をたのむという意味でもないのです。「たのむ」とは「依憑」の意であり、それは、帰依という意味なのです。ですから御利益をたのむという「たのむ」ではないのです。

続いて蓮如上人は、

信心といえる二字をばまことのこころとよめるなり。まことのこころというは、行者のわろき自力のこころにてはたすからず、如来の他力のよきこころにてたすかるがゆえに、まことのこころとはもうすなり。

と言われます。「如来のよきこころにてたすかる」というのは、自己を超えた大きな世界があって、私たちを真実ならしめ、そして私たちを憐れむ、あるいは私たちにはたらきかけてくる、その如来の大きなこころによって救われるのだということです。その仏のこころを「まことのこころ」というのです。

また名号をもってなにのこころえもなくして、ただとなえてはたすからざるなり。されば、『経』（大経）には、「聞其名号　信心歓喜」ととけり。「その名号をきく」というは、南無阿弥陀仏の六字の名号を、無名無実にきくにあらず。善知識にあいて、そのおしえをうけて、この南無阿弥陀仏の名号を南無とたのめば、かならず阿弥陀仏のたすけたまうという道理なり。これを『経』に「信心歓喜」ととかれたり。これによりて、南無阿弥陀仏の体は、われらをたすけたまえるすがたぞと、こころうべきなり。かようにこころえてのちは、行住座臥に口にとなうる称名をば、ただ弥陀如来のたすけましますす御恩を、報じたてまつる念仏ぞとこころうべし。これをもって、信心決定して極楽に往生する、他力の念仏の行者とはもうすべきものなり。あなかしこ、あなかしこ。

南無というのは、頭が下がることです。だから自己を超えた阿弥陀、無量寿、無量光によって、自己が生かされ、支えられているのだという出会いですね。その道理に気づいたときに、そのまま助かっているのだということです。

自然の道理に身をゆだねる

もともとわれわれは、自分の思いによって苦しんでいるわけなのです。よしあしの分別、都合をあてにする思いに苦しんでいるのです。親鸞聖人は「行者のよからんともあしからんともおもわぬを、自然とはもうすぞとききてそうろう」（「自然法爾章」）とおっしゃっています。善し悪しの虚妄と分別が苦悩の原因なのです。だから、事実つまり自然の道理によってその虚妄・分別が破れたときに、虚妄はもう虚妄でなくなるわけなのです。苦悩が苦悩でなくなるわけです。

だから虚妄がわれわれの苦しみなのです。阿弥陀というのは、これは無量寿、無量光。無限であって、自然なのです。親鸞聖人の解釈から申しますと、自然なのです。だから自然の道理なのです。自然の道理によって分別が破れ、自然に身をゆだねていくという世界です。自然に身をゆだねることによって心は解放され、悠然たる思いで生きていくことができるようになるのです。ところがわれわれはその中で力んでいるわけなのです。自然に反して、若いのがいいとか、健康があたりまえだとか、あるいは安らかに死ぬのがいいのだ、上手に死ぬのがいいのだと、力んでいるわけなのです。

ところが自然に気がついたら、無限に気がついたら、その虚妄が破れる。虚妄が破れれば、それはもはや苦悩でなくなっているわけなのです。だから阿弥陀に南無するということは、自然に気づいていく、自然にのっかっていくということなのです。ナンマンダブツというのは、そういう道理を私たちに教えてくれるわけなのです。だから「この南無阿弥陀仏の名号を南無とたのめば、かならず阿弥陀仏のたすけたまうという道理なり」と言われるのです。「これを『経』に信心歓喜とかれたり」と言われますが、その仏の大きなみ手、妙用に生かしめられているということに気がついたら、信心歓喜と喜べてくると言われます。

『正像末和讃』の最後に恩徳讃と呼ばれる和讃があります。

如来大悲の恩徳は　身を粉にしても報ずべし
師主知識の恩徳も　ほねをくだきても謝すべし

私はなんにも仏さんのお世話になんかなっていないのに、なぜこんな歌を歌わねばならないのかと、いつも思っていました。自分の力で生きているのだ。なんにも仏さんのお世話なんかになってないと思っていたのです。

ところが、実はそうではなかったのです。自分もやはり阿弥陀仏に生かされ、支えられていたのです。自分の力で生まれてきたわけでもないし、自分で思いどおりに死んでいけるわけでもないし、生も死も思いを超えたものです。私のこれまでの半生を振り返っても、何も思いどおりになってきませんでした。だからやはり、自己を超えた大きなものに生かされ、支えられているのです。そういう無限のはたらきの中にあるのだということに気がついたときに、その無限に対して、やはりなんらかの報恩の思いというものが実感されてくる。だからそのことに気がついたら、「ただ弥陀如来のたすけましますご恩を、報じたてまつる念仏ぞとこころうべし」と、蓮如上人は、その念仏は、そのことに対する報恩の念仏だといわれるわけです。けっしてお念仏を手段化する浄土仮宗ではないのです。

ですから、浄土真宗を一向宗といっているけれども、それは他教団からの意図的な言い方であって、一向宗というのは正しい呼び方ではないと言われるのです。そして正しくは、浄土真宗なのです。では、他教団はどうなのかといえば、それは雑行を許しているわけだから、あるいは功利と打算の念仏になっているのだから、浄土仮宗なのです。しかしその浄土仮宗というのは、単に他教団を批判するだけではない。それは言ってみれば、自分の中にある浄土仮宗の心を批判するものなのだと言われているのです。

自分の中に、諸行本願義とか、あるいは一念義とか、多念義とか、臨終を祈る心とか、そういったものがあるのだ。そういうものを離れていくのが、ナンマンダブツということである。自分の心の中にある浄土仮宗の思いを離れて、名号を聞信していくことを通して自己を超えた世界があることを聞いていくのが念仏なのです。聞いていくことによって、自己を超えた世界に生かされ、支えられていることがうなずけるのです。その無限のはたらきに気がついたときに、それが報恩の念仏になるのだ。こういう意図で、あるいはこういうお心で、いま蓮如上人はこの「御文」を書いていらっしゃるわけです。

そういう意味で、絶対無限の妙用に生かしめられている、そういう世界を実感されて書かれた「御文」ではないかと思います。

三　女性の救済――二帖目第一通

そもそも、今度一七か日報恩講のあいだにおいて、多屋内方もそのほかの人も、大略信心を決定し給えるよしきこえたり。めでたく本望これにすぐべからず。さりながら、そのままうちすて候えば、信心もうせ候うべし。細々に信心のみぞをさらえて、弥陀の法水をながせといえる事ありげに候う。それについて、女人の身は、十方三世の諸仏にもすてられたる身にて候うを、阿弥陀如来なればこそ、かたじけなくもたすけましまし候え。そのゆえは、女人の身は、いかに真実心になりたりというとも、うたがいの心はふかくして、また物なんどのいまわしくおもう心は、さらにうせがたくおぼえ候う。ことに在家の身は、世路につけ、また子孫なんどの事によそえても、ただ今生にのみふけりて、これほどに、はやめにみえてあだなる人間界の老少不定のさかいとしりながら、ただいま三塗八難にしずまん事をば、つゆちりほども心にかけずして、いたずらにあかしくらすは、これつねの人のならいなり。あさましというもおろかなり。これによりて、一心一向に弥陀一仏の悲願に帰して、ふかくたのみたてまつりて、もろもろの雑行を修する心をすて、また諸神諸仏に追従もうす心をもみなうちすてて、さて弥陀如来と申すは、かかる我らごときのあさましき女人のためにおこし給える本願なれば、まことに仏智の不思議と信じて、我が身はわろきいたずらものなりとおもいつめて、ふかく如来に帰入する心をもつべし。

御浚えの御文

今回は二帖目第一通を取り上げさせていただきます。この二帖目第一通の「御文」は、一般に「御浚《おさら》えの御文」とか、「多屋の内方の御文」というふうにいわれております。多屋というのは、吉崎御坊の門前に建てられたお弟子たちの家のことです。門前のお弟子たちの家屋には、それぞれお内仏がありまして、遠方から上山なさるかたたちをそこにお泊めして、そして共に仏法を聴聞しました。そういった多屋といわれるものが、吉崎御坊の界隈にはたくさんできていたわけです。

この「御文」は、その成立の来由を尋ねてみますと、「そもそも、今度一七か日報恩講のあいだにおいて、多屋内方もそのほかの人も」、こう始まっておりますように、文明五年の吉崎御坊での報恩講が終わったあとに、多屋の内方、つまりその多屋にお住まいのお弟子の奥さんたちに書き与えた、あるいはその奥さんたちに蓮如上人があらためてお説教をなさったときにお書きになった、こう伝えられているわけです。

だいたいお寺の坊守といいますと、お寺で仏事がありましても、仏法聴聞がなかなかできないのです。私たちの自坊でも同じでして、定例法話や報恩講や彼岸のお勤めがありましても、いつも庫裡でばたばたと働いていて、法話の時間になりましても、坊守はなかなか本堂へは来られないのです。吉崎の御坊においても、どうやらそういう状況であったようです。それで蓮如上人は報恩講が終わったあとに、多屋の内方たちを一堂にお集めになられて、おさらえのお勤めをして、そして仏法のお話をなさった。そのときにお話しなさって、書き留められたのがこの「御文」だというわけなのです。そのときに、やはり相手が女性ですから「女人の身は」云々と、女人往生あるいは女人成仏のお話をなさったのです。そこで今回は、女人成仏についてお話をしてみたいと思います。

仏教と女性

だいたい仏教というのは、もともと女人禁制だったわけです。日本でも、比叡山へは女性は登れなかった。また高野山も同様に女人禁制でした。だから女人高野といって、女性のお参りできるところが別につくられたのです。これは釈尊の最初の教団でも同様で、女性は男性の修道の妨げになるということで、比丘の教団と比丘尼の教団と別にしていたわけです。

仏教が女性をそのように排除したのは、インドの古代、仏教以前の法典で生活規範を書いたものにマヌ法典というのがあるのですが、その影響を受けたからだと思われます。インドでは、昔から女性は五障三従であるといわれております。五障というのは、五つのさわりです。その五つのさわりというのは何かといいますと、たとえば『法華経』の「提婆品」というところに、

また女人の身は、なお五障あり。一者梵天王になることを得ず。二つには帝釈、三つには魔王、四つには転輪聖王、五つには仏身なり。

これを五障というのだと説かれています。ですから、インドではこのような考え方が一般的にあったわけです。そして、『法華経』では竜女が男子に身を変えて救われたと説かれています。

では三従というのは何かといいますと、女性は主体性がなくて、父に従い、夫に従い、

子に従って一生を送るということです。これはさきほど申しましたマヌ法典にも書かれているのです。そういうインド古来の思想が仏教の中にも入りまして、そして大乗仏教の代表経典である『法華経』の中にも説かれるようになったのです。平等を説くはずの仏教が、インド古来の思想を払拭できないで、女性のままでは仏になれないと説き続けてきたのです。

そして、仏教が中国へ伝播すると、こんどは中国の男尊女卑の価値観が加えられることになるのです。それがそのまま日本に伝えられることになり、その結果、仏教では女性がずっと排除されることになってしまったのです。そこで、さきほど申しましたように、比叡山にしても、高野山にしても、女性は男性の修道の妨げになるとして女人禁制にしてきたのです。

ところがそういうあり方、あるいはそういう立場というものが問い直され、最初に課題になったのが法然教団だったのです。御承知のとおり法然上人の吉水教団は、出家教団ではなくて、出家在家を問わない、いわゆる一般大衆に解放された教団でした。それまでの仏教は貴族の仏教であり、しかも鎮護国家のための仏教であり、そして男性だけの仏教だったのです。ところが法然上人の吉水教団は、そうではありませんでした。教団の中には、女性もたくさん含まれていたのです。松虫、鈴虫という白拍子や九条兼実の妹の宜秋門院、あるいは遊女までが集まっていました。法然上人が四国に流されて、そして帰りがけに兵庫の高砂の室津で遊女を教化なさったというたいへん有名なお話があります。そのように、法然上人の吉水教団においてはじめて、女性たちが仏教の座に連なることができたわけです。それが仏教が大衆あるいは民衆に解放された最初だろうと思います。

法然上人は御自身の著作『選択集』の中で「偏依善導一師（ひとえに善導一師による）」のだとおっしゃっています。その善導大師というかたは、『観経』を『大無量寿経』の精神で御理解になったかたです。中国のそれまでの学者は、『観経』に説かれる王舎城の悲劇というのは、釈尊が定善・散善という修行方法を説くための御縁づくりのための芝居であると理解していました。ところが善導大師は、「いや、そうじゃない」といわれました。経典の中で釈尊が韋提希夫人に対して、「汝はこれ凡夫なり。心想羸劣にして未だ天眼を得ず、遠く観ることあたわず」とおっしゃっている。だから韋提希夫人は、仏さんの化身などではなく、実際に息子に反逆されて苦悩した一人の女性なのだと理解されたのです。その苦悩した一人の女性が、『観無量寿経』の得益分では、「廓然として大きに悟りて、無生忍を得」と、無生忍を得たと書かれているのです。そうすると『観無量寿経』は、まさしく凡夫である女性の救済が説かれた経典であるということになります。そこに女人往生といいますか、女性救済のいわゆる原点が見いだされたわけなのです。

大乗仏教の根本経典は何かというと、天台宗では『法華経』が大乗仏教の根本経典だと主張します。そして他はそれにたどりつくための方便なのだという言い方をします。しかし、『法華経』の「提婆品」では、女性は五障があって仏になれないといっている。またその『法華経』の会座を中断して、霊鷲山から王舎城に釈尊は行かれて、『観無量寿経』を説かれた。つまり、『法華経』の説法をさしおいて、『観無量寿経』、女性の救済を説く『観経』が説かれたのです。そこに釈尊の究極の言といいますか、いわゆる結論があったのではないかということを思うわけです。

親鸞聖人の女性観

『観無量寿経』に登場する韋提希夫人について、親鸞聖人は『教行信証』の「化身土巻」本の中で次のようにおっしゃっています。

「汝是凡夫心想羸劣」と言えり、すなわちこれ悪人往生の機たることを彰すなり。

「汝是凡夫心想羸劣」というのは、『観無量寿経』の経文です。その経文は、「すなわちこれ悪人往生の機たることを彰すなり」と言われるのですから、韋提希夫人は悪人往生の機だと親鸞聖人は理解されたということです。凡夫である韋提希夫人が悪人往生の機だと親鸞聖人は言われるのです。

そうしますと、韋提希夫人というのは、男性とか女性とかということを超えて、凡夫として受け止められているということでしょう。親鸞聖人にとっては、凡夫が自己を悪人であると自覚することによって、十八願によって救済されていくという基本的な立場があります。韋提希夫人は女性なのですけれども、親鸞聖人にとっては、男性も女性も関係なく、みんな凡夫だったのでしょう。女性であるとか男性とか関係なしに、凡夫が救済されたということなのです。ですから、そこには女性に対する差別とか排除というのは何もない。むしろその女性を、凡夫の代表として救済の正機と親鸞聖人は見ておられるのです。

ところで、親鸞聖人の玄孫に当たる存覚上人の書かれた、『女人往生聞書』というのがあります。これは存覚上人が仏光寺の了源の請いによってお書きになったと伝えられているものです。その中で存覚上人は、まず四十八願の中の三十五願、女人往生の願を掲げて、そして第十八願、念仏往生の願に十方衆生の救いが誓われながら、なぜ重ねてその第三十五に女人往生の願が立てられたのかを明らかにするためにお書きになったと言っておられます。そして、第十八願の十方衆生の中には、善人も悪人も男子も女人も、善悪、老少、男女、一切、みんな収まるものである。けれども別して女性の救いを誓わなければならないのはどうしてかというと、女性はさわり重く、罪深いからなんだと説明されているのです。そして、女性がさわり多く、罪深い身であるということは、経典にもたくさん書いてありますよといって、『法華経』だとか、あるいは『涅槃経』とか、『心地観経』とか、そういったものをお引きになっていらっしゃるのです。つまり、いわゆる女人正機説といわれる立場を生かされるのです。

しかし女性がさわりが多いとか、あるいは罪が深いとかということは、親鸞聖人はなんにもおっしゃっていないのですが、存覚上人はおっしゃっています。

蓮如上人の女性観

それでは、蓮如上人はどうなのかということです。蓮如上人の場合は、特別な立場といいますか、特別な受け止め方がこの「御文」の中に出てまいります。それはどういうことかと言いますと、「さて弥陀如来と申すは、かかる我らごときのあさましき女人のためにおこし給える本願なれば」とあることです。蓮如上人は男性です。男性なのだけれども、

「かかる我らごときのあさましき女人」とおっしゃっています。蓮如上人はいつもそういう言い方をなさっています。

たとえば、一帖目第七通には、「われらもこの罪業深重のあさましき女人の身をもちてそうらえば」とあります。あるいは、三帖目第一通には、「三世の諸仏にすてられたる、あさましきわれら凡夫女人を、われひとりすくわんという大願をおこしたまいて」とおっしゃっています。蓮如上人は、男性です。その男性である蓮如上人が、「あさましきわれら凡夫女人」とおっしゃっているわけです。

当時世間では女性というのは劣ったものとみなされていたのでしょう。仏教でも、平等の救済を説き、十方衆生の平等の救済を説きつつも、女性が仏になれないという言い方がなされていて、五障三従ということが言われていたのです。

蓮如上人は、そのように差別された女性こそ救われなければならない、そういう女性こそまさに救いの正客であらねばならないと考えておられたのだと思います。それを蓮如上人は男性の側に立って言っておられるのではないのです。「あさましきわれら凡夫女人」、こういっておられるわけですから、つまり女性の側に立っているのです。そこに蓮如上人のいわゆる女性救済観といいますか、女性救済の立場があるのではないかと思います。

蓮如上人は家庭生活を営んでおられたかたですから、やはり女性の存在がいかに大きなものであるかをよく御存じだったと思います。また、帖外「御文」の見玉尼往生の「御文」などを見ておりますと、女性をたいへん大切に思っておられたことがよくわかります。見玉尼というかたは、蓮如上人の四番目のお子さんで、初め禅宗のお寺に喝食として預けられていたのです。ところが娘さんですから、そんなに大きくなるまでそこへ預けておくことができない。それでこんどは浄土宗の清浄華院という尼寺に預けられます。そしてそこで浄土宗の法門を学んだのです。ところがおばさんが亡くなって、それを機に見玉尼は真宗の御安心を学んだ。そのように苦労させた見玉尼を、蓮如上人は吉崎に落ち着いてから、文明三年（一四七一）の秋頃にようやく呼び戻されたのです。ところが、しばらくして見玉尼が亡くなってしまうのです。そのことを蓮如上人が「御文」に書いていらっしゃいます。その「御文」の中で、

しかれば、この比丘尼見玉、このたびの往生をもてみなみなまことに善知識とおもひて一切の男女にいたるまで一念帰命の信心決定して、仏恩報尽のために念仏まうしたまはば、かならずしも一仏浄土の来縁となるべきものなり。

こうおっしゃっているわけです。見玉尼というかたが、亡くなる間際まで熱心に聞法なさ

って、真宗の御安心に目覚めていかれたということを蓮如上人は非常に喜んでおられるわけです。ですから、見玉尼を善知識と思って、浄土往生の御縁にすべきだと、御自分で言っておられるのです。そういう意味では、蓮如上人は非常に女性というものを尊ばれたかただったと思うのです、あるいはそういうところに身を置くことのできる人だっただろうと思うのです。男性の側に立つのではなくて、虐げられているとされる女性の側に身を置くことのできる人であったのだろうと思います。

われわれは一般的に、蓮如上人は五障三従と言って女性を蔑視していたのだというふうに、短絡的にとらえていますけれども、実はそうではないのだということです。もし、蓮如上人が女性を差別していたら、これほど多くの女性が、蓮如上人を慕って寄り付いたでしょうか。蓮如上人の教団は、むしろ実質女性で持っていたと言っても過言ではありません。

蓮如上人の態度はどうかといいますと、蓮如上人は「あさましきわれら凡夫女人」と言われて、御自分は女性の側に立っておられるのです。けっして男性の側から、高いところから言っているのではないのです。今日われわれが差別の問題を考えるときに、やはり差別をされている側に立つという姿勢が大事だということを教えられるのですけれども、それと同じように、蓮如上人は女性と同じところに身を置いておられたということがはっきりしているのです。また、このことは、女性を男性に比較して「あさましき凡夫女人」と言っているのではないということです。阿弥陀仏に対して「あさましきわれら凡夫女人」と言っておられるのです。「機の深信」として言っておられるということです。

ゆがめられた女性観

このように非常に積極的な女人救済論を説かれた蓮如上人の教えが、江戸時代に入りますと、多少ゆがんでまいります。

たとえば、天保三年に本願寺の門主がお書きになったものには、罪業深重のあさましき女人だからこそ、阿弥陀仏は特に救ってくださるのだというようなことが書かれております。あるいは巷では、『女人教化集』なるものが流布しています。これは蓮如上人がお書きになったというような言い方がなされているのですけれども、これは明らかに偽書です。その中にも、

一切の女人は、罪障ふかきゆへに、三世の諸仏にもすてられ、十方の薩埵にもはなたれて、ほとけになるべきたねなし。そのゆへは女人の身は多生曠劫にも成仏のみちな

し。いかんとなれば妄念妄執の機ふかく、愛着のおもひ嫉妬のこゝろをもて朝夕の能とせり。たゞわが身をばいかにも執し、人をそねみそしり、悪心不当を業とす。(『真宗史料集成』第五巻、六〇二頁)

こう書いてあるわけです。よくこれほど悪態がつけるなというぐらい書いてあります。

これは江戸時代に書かれたものですから、国学である儒教の精神が濃厚に入ってきているわけなのです。だから『女人教化集』の中には、明らかに儒教の男尊女卑の思想が非常に色濃く入ってきている。だから結局男性が優位に立って、女性は劣っているという立場に立っているわけです。その結果、阿弥陀仏の本願はその劣っている女性までも救おうとして第十八願に加えて三十五願を誓われたという言い方になっていってしまうのです。

ところが、蓮如上人の場合には、差別されている女性の側に自分の身を置いて、阿弥陀に対して、「あさましきわれら凡夫女人」といっておられるわけです。ところが江戸時代になりますと、そのいちばん大切な「われら」はどこかへ行ってしまいます。阿弥陀に対する機の深信としてのことばが、男性に比較してのことばと取られてしまったのです。そして、男尊女卑という儒教精神が色濃く入ってきました。その結果、男性に対して女性は劣っている、女性はだめだというふうに受けとめられ、それが強調されるようになってしまったのです。

いま、私たちは、蓮如上人の言われたことと、江戸時代に盛んに言われたことを混同して理解していたような向きがあったのではないかと思うのです。しかし、二つはまるで別のものなのです。だから私たちは、蓮如上人の立たれた「われら凡夫女人」という立場にもう一度帰るべきなのです。蓮如上人の「御文」をよくよく読んでまいりますと、そういった一つの方向性というものが見えてくると思います。そういう意味では、他の聖道門仏教が女人禁制をしてきた。それに対して真っ正面から蓮如上人は、「われら女人」をというふうな立場で受け止めておられるのです。そこに、蓮如上人の一つの方向があると思います。

変成男子の願

ところで、『大無量寿経』には第三十五願に「変成男子の願」というのがあります。

たとい我、仏を得んに、十方無量不可思議の諸仏世界に、それ女人あって、我が名字を聞きて、歓喜信楽し、菩提心を発して、女身を厭悪せん。寿終わりての後、また女像とならば、正覚を取らじ。

この願を親鸞聖人は御和讃に詠んでおられます。

弥陀の大悲ふかければ　仏智の不思議をあらわして

変成男子の願をたて　女人成仏ちかいたり

こうおっしゃっているわけです。ここに私は、親鸞聖人の大変な経典理解の御苦労があるのではないかと思うのです。というのは、親鸞聖人は韋提希夫人が救済されているから、女人成仏をストレートに受け止めていかれた。ところが、実はそこに仏教徒としての一つの制約があったのではないか。つまり経典に説かれている以上、それを言わないと、謗法の罪になるものですから、あえて「変成男子」ということを言われたのだろうと思うのです。しかし、親鸞聖人の立場からすれば、韋提希夫人が物理的に男性に変わって救われたのではないのです。韋提希夫人は女性のままで、しかも五百の侍女と共に救われているわけなのです。それは明々白々のことなのですけれども、他の大乗仏典に女性は仏になれないと書いてあることから、謗法の罪を犯さないために、変成男子ということを便宜上受け入れたのではないかと思うのです。しかし、実質は韋提希夫人のように女性も平等に救われていくのです。

しかし、それとは別に、私は、この「変成男子」ということばを私なりに理解してみたいと思うのです。私は「変成男子」というのは、願意を汲んで言えば、女性が男子に変わるというのではなくて、仏が男子を変成すると理解してもいいだろうと思うのです。一つの読みかえです。男子をどう変成するのかというと、男尊女卑で、男は優れているなどと思っている、そういう価値観を仏が変えていくということです。私はそう受け取りたいのです。男だ、女だといって、そこにとらわれて、あれこれ言っている。そういうわれわれ自身が、このことを契機に、価値観が変成されていく。そのことが、変成男子の願のお心であると、私はそう受け止めたいと思うのです。

またそこに立ったときに、はじめて、蓮如上人のいわれる「われら女人」というところに立っていけるのではないか。男性も女性も、ともにこれ凡夫なのです。男子が優れているというふうな価値観に立っているかぎり、「われら女人」というところには立てないのでしょう。そういう価値観を持っている男子が、仏によってその価値観を翻されたところに、「われら女人」というところに立っていける世界が開けるわけです。そういう意味で、変成男子の願というのをとらえるべきではないかと思います。

親鸞聖人の作られた「弥陀の大悲ふかければ、仏智の不思議をあらわして、変成男子の願をたて、女人成仏ちかいたり」という御和讃は、ちょっとおかしいから、この御和讃は抜き取ってしまいましょうと、こう言っておられるかたもあるように聞いております。しかし、親鸞聖人のことばで、都合のいいとこだけを残して、都合の悪いところは抜き取りましょうというのでは、ちょっとおかしいと思うのです。むしろこの和讃の変成男子を、男子が変成せられていくと理解することによって、われわれの女性に対する一つの偏見なり、偏った思いが変わることを願われた願であると理解すればいいと思うのです。そういう新しい意味づけをしてもいいと思います。そのことで、女人こそが往生を成し遂げていくのだということになり、さらには、蓮如上人の「われら女人」という一つの基本的な立場と重なっていくものになるだろうと思うのです。

この蓮如上人の「御文」の中には、さきほど申しました三つの「御文」以外にも女人往生を説かれているところはあるのですけれども、そこには蓮如上人自身家族を持って、そして女性と共に生活されたがゆえに、共に救われていかねばならない。あるいは娘が救われていったことを逆に喜ぶというような、そういうあり方というものが「御文」の中から受け止められます。私は蓮如上人ほど、その生い立ちや生活の中で女性の救済を願われたかたはいないのではないかと思います。それは、多くの女性に慕われた蓮如上人自身の生きざまが如実に物語っているところです。

四　仏心と凡心と一体になる——二帖目第十通

そもそも、当流の他力信心のおもむきともうすは、あながちにわが身のつみのふかきにもこころをかけず、ただ阿弥陀如来を一心一向にたのみたてまつりて、かかる十悪・五逆の罪人も、五障・三従の女人までも、みなたすけたまえる不思議の誓願力ぞとふかく信じて、さらに一念も本願をうたがうこころなければ、かたじけなくもその心を如来のよくしろしめして、すでに行者のわろきこころを、如来のよき御こころとおなじものになしたまうなり。このいわれをもって仏心と凡心と一体になるといえるはこのこころなり。これによりて、弥陀如来の遍照の光明のなかにおさめとられまいらせて、一期のあいだはこの光明のうちにすむ身なりとおもうべし。さていのちもつきぬれば、すみやかに真実の報土へおくりたまうなり。しかれば、このありがたさとうとさの、弥陀大悲の御恩をば、いかがして報ずべきぞなれば、昼夜朝暮には、ただ称名念仏ばかりをとなえて、かの弥陀如来の御恩を報じたてまつるべきものなり。このこころ、すなわち当流にたつるところの、一念発起平生業成といえる義、これなりとこころうべし。

愚者のままで往生する道

今回は、二帖目第十通についてお話ししたいと思います。この二帖目第十通は、奥書に「文明六年五月十三日書之」とありますから、文明六年の三月二十八日に吉崎御坊が炎上したあとの、最初の「御文」ということになります。

さて、この「御文」には、蓮如上人の教えを特徴づけるとても大切なおことばが出てきます。それは、

さらに一念も本願をうたがうこころなければ、かたじけなくもその心を如来のよくしろしめして、すでに行者のわろきこころを、如来のよき御こころとおなじものになしたまうなり。このいわれをもって仏心と凡心と一体になるといえるはこのこころなり。

とありますが、ここに「仏心と凡心と一体になる」と言われているのが、蓮如上人に独特な言い方なのです。

仏心と凡心が一体であるとありますが、仏心というのは如来のよきこころです。そして凡心というのは、行者のわるきこころ。その仏心と凡心が一体になると言われるのです。

この「仏凡一体」ということばは、蓮如上人の「御文」によって初めて出てくることばで、親鸞聖人には「仏凡一体」ということばはありません。しかし、親鸞聖人の教えそのものは、まさに仏凡一体の教えであるといってもいいと思います。では、蓮如上人がどこからこういうことばをもってこられたのかといいますと、それは、『安心決定鈔』からであろうと言われております。

そこで、この仏心と凡心が一体であるということについて考えてみたいと思います。道綽禅師は、仏教を聖道門と浄土門の二つに大きく分けられました。聖道門の立場というのは、これは聖の道ですから、一所懸命修行をして、心身を鍛練して、徳を積んで、そして悟りを得ていく。いわゆる断惑証理、煩悩を断ち切って真理を証するというのが聖道門の基本的な立場です。これは、言ってみれば、汚い心、凡心を捨てて真理を証するということで、別のことばで言えば、廃悪修善。悪を廃し善を修することによって人間的価値を高め、そして涅槃に至るという道です。こういう立場というのは、非常にわかりやすい立場だろうと思います。そして同時に、この立場というのは、だれしも否定することができない、だれもが認め得る立場です。

しかし、それがはたして実現できるかどうかということになりますと、話がすこし違ってきます。悪いことをやめて、よいことをしなければならない、それは、私たちも頭では百も承知です。しかし、なかなか実践できるものではありません。

親鸞聖人も九歳から二十九歳まで必死になって、惑いを断ち切って真理を証するという、聖道門の修行を一所懸命されたのだろうと思います。ところが、修行すればするほど、名誉欲が出てくる。また、他に勝ち誇っていこうとする心が起こってくる。あるいは、地位を手に入れたいとか、生き仏になろうというような心が起こってきてしまうのです。修行すればするほど、そういう汚い心を持っている自分だということが、いよいよ見えてきたわけです。

そのときにちょうど、京都の吉水で法然上人が「浄土宗のひとは愚者になりて往生す」ということを説いておられたのです。このことばは、親鸞聖人が八十八歳のときの手紙の中に出てくるのです。親鸞聖人が法然上人とお別れになったのは、越後流罪のときですから、三十五歳のときです。その後、一度も法然上人にはお会いになっていません。それなのに八十八歳の手紙の中に、「故法然上人は」という形で、そのことばが出てくるということは、生涯そのことばをずっと憶持しておられたということでしょう。それは、別の言い方をすれば、親鸞聖人が法然上人の教えの中から受け止められたことの根本というのが、まさに「浄土宗のひとは愚者になりて往生す」ということだったということです。念仏門は、愚者になりて往生すという一語に尽きるのではないかというふうに思います。聖道門は賢くなっていくわけです。りっぱになっていくわけです。賢者になっていくわけです。それに対して浄土宗は、愚か者に還っていくのです。

転悪成善

その浄土門の立場を端的に表すことばが、『正信偈』の中にある「不断煩悩得涅槃」です。「煩悩を断ぜずして涅槃を得る」というのが、浄土門の立場です。『教行信証』「信巻」の現生十種の益の中には「転悪成善（悪を転じて善となす）」ということばが出てきます。あるいは『教行信証』の総序の文のところでは、「転悪成徳（悪を転じて徳となす）」とあります。

親鸞聖人は『唯信鈔文意』の中でこの「転ず」ということばについて解釈を加えておられます。「転ずというは、つみをけしうしなわずして善とかえなすなり」と。『唯信鈔文意』というのは、今日、何本かの異本が残っておりまして、「転ずというは、善とかえなすをいうなり」とか、「転ずというは、つみをけしうしなわずして善にかえなすなり」とか、よく似た表現で記されております。つまり「つみをけしうしなわずして善にかえなす」ということが「転悪成善」ということなのです。

では、その断ぜずとか、あるいは転ずるというのは、どういうことなのでしょうか。実はそのことが、仏心と凡心が一体であるということと関連することなのです。いまの「御文」では、「行者のわろきこころを、如来のよき御こころとおなじものになしたまうなり」といわれています。つまり、行者のわろきこころをすてるのではなく、「如来のよき御こころとおなじものになしたまう」と、転ずるといわれるのです。

先達は、転悪成善ということを、よく渋柿にたとえておられます。講録などによくそんな話が出てまいります。干し柿はたいへん甘いものですけれども、もともとは渋柿なのです。それが日の光を受けて、渋が甘みに変わっていくのです。ですから、渋が抜けたのではないのです。渋がそのまま甘みに変わっているわけなのです。渋を廃して甘みにしているのではなく、渋がそのまま甘みに転ぜられているのです。そういうたとえが、講録などにはよく出てまいります。そういうことが、親鸞聖人の言われる転悪成善であり、蓮如上人がいわれる仏心、凡心一体ということなのです。こういった立場というのは、曇鸞大師の『浄土論註』の中に基本的な考え方が出ているのです。

その『浄土論註』の文を、親鸞聖人が「信巻」に引用なさっています。

また云わく、「是心作仏」は、言うこころは、心よく作仏するなり。「是心是仏」は、心の外に仏ましまさずとなり。譬えば、火、木より出でて、火、木を離るることを得ざるなり。木を離れざるをもってのゆえに、すなわちよく木を焼く。木、火のために焼かれて、木すなわち火となるがごときなり。

意味を考えてお読みいただきたいと思うのですけれども、火というのは木が燃えて火になるのですから、火は木から出て、木を離れることはない。まきのうえに火があるのですから、まきは火に焼かれるというのです。ここでちょっと置き換えをしていただきたいのです。火を仏心に、木を凡心に置き換えてください。そのように置き換えて、『論註』の文をもう一度読んでみたいと思います。「仏心は、凡心より出でて、仏心は凡心を離るることを得ざるなり。凡心を離れざるをもってのゆえに、すなわちよく凡心を焼く。凡心、仏心のために焼かれて、凡心すなわち仏心となるがごときなり」ということになります。

ところで、仏法というのは何のためにあるのかというと、実は凡夫のためにあるのです。凡夫がいなければ仏法は要らないのです。仏法は凡夫のためにあるのです。「仏心は、凡心より出でて、仏心は凡心を離れることを得ざるなり」というのはそういうことです。次に「凡心を離れざるをもってのゆえに、すなわちよく凡心を焼く。凡心は仏心のために焼かれて、凡心、すなわち仏心となるがごときなり」というのは、その凡心がそのまま素材となって、仏心に転ぜられていくということです。凡夫の心が仏と出会い、光を浴びることによって、そのまま仏心に転ぜられていくわけなのです。凡心がそのまま材料になっていくのです。しかしその凡心というのは、これは自覚ということです。凡夫の自覚、凡心の自覚。行者のわろきこころという自覚なのです。自覚におけるわろきこころです。ですからわろきこころという自覚が深ければ深いほど、それが善に転ずる。そのわろきこころという自覚は、法のはたらきによって起こってくるものです。法のはたらきでわろきこころと自覚したものが、そのまま善になるのです。

栴檀のたとえ

『唯信鈔文意』には、次のようなことばがあります。法照禅師の『五会法事讃』のことばを解説されたものです。

「能令瓦礫変成金」というは、「能」は、よくという。「令」は、せしむという。「瓦」は、かわらという。「礫」は、つぶてという。「変成金」は、「変成」は、かえなすという。「金」は、こがねという。かわら・つぶてをこがねにかえなさしめんがごとしと、たとえたまえるなり。りょうし・あき人、さまざまのものは、みな、いし・かわら・つぶてのごとくなるわれらなり。如来の御ちかいを、ふたごころなく信楽すれば、摂取のひかりのなかにおさめとられまいらせて、かならず大涅槃のさとりをひらかしめたまうは、すなわち、りょうし・あき人などは、いし・かわら・つぶてなんどを、よくこがねとなさしめんがごとしとたとえたまえるなり。摂取のひかりともうすは、阿弥陀仏の御こころにおさめとりたまうゆえなり。

この「いし・かわら・つぶてのごとくなるわれら」というのは、凡夫であるわれわれ、わろきこころをもっているわれわれのことを言っているのです。その凡夫であるわれらが、「如来の御ちかいを、ふたごころなく信楽すれば」「こがねにかえなさしめ」るといわれているのです。法のはたらきを受けることによって、凡夫であることの自覚を深めていくのです。りっぱになるとか、賢くなるということではなくて、法に照らされて、あるいは本願に照らされて、いよいよ凡夫である、わろきこころをもっている自分であるということを自覚していくのです。その凡夫の自覚が素材となって、それが善に転ぜられていく。

そのことをもう一つのたとえで申し上げてみたいと思います。『教行信証』「行巻」に

『観仏三昧経』の文が引用されています。

仏、父王に告げたまわく、「伊蘭林の方四十由旬ならんに、一科の牛頭栴檀あり。根芽ありといえども、なお未だ土を出でざるに、その伊蘭林ただ臭くして香ばしきことなし。もしその華菓を噉ずることあらば、狂を発して死せん。後の時に栴檀の根芽ようやく生長して、わずかに樹に成らんと欲す。香気昌盛にして、ついによくこの林を改変してあまねくみな香美ならしむ。衆生見る者、みな希有の心を生ぜんがごとし。」仏、父王に告げたまわく、「一切衆生、生死の中にありて、念仏の心もまたかくのごとし。ただよく念を繋けて止まざれば、定んで仏前に生ぜん。ひとたび往生を得れば、すなわちよく一切諸悪を改変して大慈悲を成ぜんこと、かの香樹の伊蘭林を改むるがごとし。」言うところの「伊蘭林」は、衆生の身の内の三毒・三障、無辺の重罪に喩う。「栴檀」と言うは、衆生の念仏の心に喩う。「わずかに樹と成らんと欲す」というは、いわく、一切衆生ただよく念を積みて断えざれば、業道成弁するなり。

このように、伊蘭林と栴檀のたとえが説かれています。

そしてさらに、『教行信証』「信巻」に『涅槃経』の文が引用されています。

(王、仏に白さく) 世尊、我世間を見るに、伊蘭子より伊蘭樹を生ず、伊蘭より栴檀樹を生ずるをば見ず。我今始めて伊蘭子より栴檀樹を生ずるを見る。「伊蘭子」は、我が身これなり。「栴檀樹」は、すなわちこれ我が心、無根の信なり。「無根」は、我初めて如来を恭敬せんことを知らず、法・僧を信ぜず、これを「無根」と名づく。世尊、我もし如来世尊に遇わずは、当に無量阿僧祇劫において、大地獄に在りて無量の苦を受くべし。我今仏を見たてまつる。これ仏を見るをもって得るところの功徳、衆生の煩悩悪心を破壊せしむ、と。仏の言わく、「大王、善いかな、善いかな、我いま、汝必ずよく衆生の悪心を破壊することを知れり。」「世尊、もし我審かによく衆生のもろもろの悪心を破壊せば、我常に阿鼻地獄に在りて、無量劫の中にもろもろの衆生のために苦悩を受けしむとも、もって苦とせず。」（中略）その時に阿闍世王、耆婆に語りて言わまく、耆婆、我いま未だ死せざるにすでに天身を得たり。短命を捨てて長命を得、無常の身を捨てて常身を得たり。もろもろの衆生をして阿耨多羅三藐三菩提心を発せしむ。

阿闍世というのは、父を殺し、母を牢獄に幽閉し、五逆の大罪を犯したのです。その阿闍世が、いま釈尊の説法を聞いて、自らの思いを翻して、そして救われていく。それこそ五逆の大罪を犯しておりますから、仏になる種などというものはなにもない。その阿闍世が仏法に出会うことによって法を信じる心を起こして救われていく。法を信じる心など阿闍世の中にはまるでなかったにもかかわらず、法に出会うことによって信が生じた、それゆえにその法を信じる心を無根の信と言われるのです。ちょうどそれは伊蘭樹から栴檀樹が生じたのと同じようなものだとたとえられているのです。これは、さきほどの木、火のたとえと同じでしょう。そのものが廃せられて、新たによいものに替わったのではないのです。伊蘭林そのものが、栴檀の光を浴びることによって、かぐわしいにおいの林に変わってしまっているわけなのです。べつに伊蘭林の林を栴檀樹に植え替えたのではないのです。伊蘭林はそのままなのです。その伊蘭林が、そのまま栴檀に転ぜられていくというのです。

さわりおおきに徳おおし

その立場を、親鸞聖人は御和讃にしておられます。『高僧和讃』に、

罪障功徳の体となる　こおりとみずのごとくにて
こおりおおきにみずおおし　さわりおおきに徳おおし

とありまして、罪障がそのまま徳の本質となるのだといわれています。氷が多ければ多い

ほど、水が多くなる。それと同じように、罪障の自覚が深ければ深いほど、徳が多くなる。だからやはり罪障が別のものになっているのではないのです。それがそのまま転ぜられているわけなのです。罪障がそのまま材料となって、法の光を浴びることによって、徳に転ぜられている。だから私たちの本質が変わってしまうわけではないのです。「悪性さらにやめがたし」と言われる私たちのまま、「こころは蛇蝎のごとくなるわれら」のままなのです。そのような私たちの罪障の本質が替えられたら、こんな簡単なことはないのです。しかしそうではなくて、私という人間は私のままなのです。その私が法に出会うことによって、仏法に照らされて、罪障深い凡夫であることを自覚する。愚か者であると自覚をすることが、仏の目から見れば、そのまま徳と映るのです。だから煩悩を断ち切るのではなく、煩悩を自覚することが必要なのです。

また、先の和讃に続いて、

名号不思議の海水は　逆謗の屍骸もとどまらず
衆悪の万川帰しぬれば　功徳のうしおに一味なり

といわれます。名号不思議というのは、思議を超えた、思いを超えた法の世界です。念仏、名号というのは、人間の思いを超え思議を離れた、自己を超えた世界をわれわれに気づかせてくれるものです。「名号不思議の海水は、逆謗の屍骸もとどまらず」というのは、阿闍世をたとえているわけです。五逆や謗法の罪を犯したものもとどまらない。「衆悪の万川帰しぬれば、功徳のうしおに一味なり」と、もろもろの悪も本願海に帰していけば、一つ味になる。ちょうどたくさんの川が大海に入っていけば一つ味になるようなものだと言われるのです。

さらに続いて、

尽十方無礙光の　大悲大願の海水に
煩悩の衆流帰しぬれば　智慧のうしおに一味なり

とあります。『正信偈』の中の「如衆水入海一味」ということばの心が、ここでうたわれております。そこには、真宗の立場というものがよく表現せられていると思うのです。同じことをもうすこし具体的な事例としておっしゃっているのが『歎異抄』の第九条です。

「念仏もうしそうらえども、踊躍歓喜のこころおろそかにそうろうこと、またいそぎ浄土へまいりたきこころのそうらわぬは、いかにとそうろうべきことにてそうろうやらん」と、もうしいれてそうらいしかば、親鸞もこの不審ありつるに、唯円房おなじこころにてありけり。よくよく案じみれば、天におどり地におどるほどによろこぶべきことを、よろこばぬにて、いよいよ往生は一定とおもいたまうべきなり。よろこぶべきこころをおさえて、よろこばせざるは、煩悩の所為なり。しかるに仏かねてしろしめして、煩悩具足の凡夫とおおせられたることなれば、他力の悲願は、かくのごときのわれらがためなりけりとしられて、いよいよたのもしくおぼゆるなり。

お経には「信心歓喜乃至一念」と書いてあるわけですから、念仏すれば歓喜の心がわき上がってこなければならないと思うのに、念仏しても踊躍歓喜の心がわいてこない。また急いで浄土へ参りたいというような心もわいてこない。これはいったいどうしたことなのでしょうかと、唯円が親鸞聖人に申し上げた。そうしたら、「親鸞もこの不審ありつるに、唯円房おなじこころにてありけり」と答えられた。ここで親鸞聖人が、「いや、あなたの御信心が足りないからですよ。あなた、がんばって悪を廃して、善を修しなさいよ」、こう言われたのであれば、これはちっともおもしろくないわけです。おもしろくないというよりも、われわれはがっかりしてしまうのです。自分にはできっこない道だ、かなわない道だと思って、絶望してしまいます。

ではなぜ親鸞聖人が「親鸞もこの不審ありつるに、唯円房おなじこころにてありけり」

と、私もいっしょだとおっしゃったのかといいますと、親鸞聖人は善人ではなかったからです。「よくよく案じみれば、天におどり地におどるほどによろこぶべきことを、よろこばぬにて、いよいよ往生は一定とおもいたまうべきなり」。よくよく考えてみれば、天におどり地におどるほどのことを、本来喜ぶべきことを喜べないからこそ、いよいよ往生が定まっているといえるのだというのです。なぜなら「よろこぶべきこころをおさえて、よろこばせざるは、煩悩の所為なり」、煩悩があるから喜べない。「しかるに仏かねてしろしめして、煩悩具足の凡夫とおおせられたることなれば、他力の悲願は、かくのごときのわれらがためなりけりとしられて、いよいよたのもしくおぼゆるなり」。だから仏法は、他力の悲願は、かくのごときのわれらがため、煩悩具足の凡夫のためにあるのだ。喜べるような人だったら、仏法は要らないのです。私は善人です、仏法が喜べますという人だったら、仏法を学ぶ必要はないのです。煩悩具足の凡夫なればこそ、そういうわれわれのために他力の悲願があるわけです。そこで第九条では最後に、

これにつけてこそ、いよいよ大悲大願はたのもしく、往生は決定と存じそうらえ。踊躍歓喜のこころもあり、いそぎ浄土へもまいりたくそうらわんには、煩悩のなきやらんと、あやしくそうらいなましと云々。

このように、私は天におどり地におどるほど喜べますよという人があれば、それはあやしいとまでいわれるのです。

ですから、そういう意味ではまさに「浄土宗のひとは愚者なりて往生す」ということばどおりなのです。つまり凡心という自覚が、そのまま仏心に転ぜられていく。行者のわれわれの立場からすれば、凡心でしかないのです。その凡心が、そのまま仏の側から見れば、仏と一体になっている。仏と同体になっている。それが、浄土真宗の救済論なのです。

仏凡一体の信心

そこで、もうひとつ申し上げたいのですけれども、そのように目覚めていく世界が、まさに浄土の世界なのです。そのように目覚めた世界、往生成仏した世界は、仏の世界です。

『無量寿経』を読みますと、阿弥陀仏の世界、つまり極楽浄土というのは、十万億刹を過ぎた向こうにあると書いてあるわけです。

仏、阿難に告げたまわく、法蔵菩薩、今すでに成仏して、現に西方にまします。此を去ること十万億の刹なり。その仏の世界を名づけて安楽と曰う。

このように、安楽世界は「此を去ること十万億の刹なり」と『大経』には書いてあるわけ

です。それでは『観無量寿経』はどうかといいますと、

その時に世尊、韋提希に告げたまわく、汝いま知れりやいなや、阿弥陀仏、此を去りたまうこと遠からず。

とあります。それから『阿弥陀経』では、

その時に、仏、長老舎利弗に告げたまわく、これより西方に、十万億の仏土を過ぎて、世界あり、名づけて極楽と曰う。

このように書かれています。

これを見ていただきますと、『無量寿経』は、浄土というのは十万億の国土を過ぎたはるか向こうにあるといっているわけです。『阿弥陀経』は、「西方十万億仏土を過ぎて」といっていますから『大経』といっしょです。では『観無量寿経』はどうかというと、「ここを去りたまうこと遠からず」とあって、『観経』だけちょっと趣が違います。一つだけおかしいではないかということなのですけれども、けっして矛盾しているわけではない。

一休宗純が次のような歌を作っています。

阿弥陀仏　悟ればすなわち去此不遠　迷えばはるか　西にこそあれ

さすがに一休です。浄土の本質をよくとらえていると思います。つまり、仏の世界を実体

的に見れば、それは遠くはるか向こうでしかない。ところが私たちが、仏凡一体ということに目覚めたならば、仏の世界は「ここを去りたまうこと遠からず」なのです。だから浄土というのも実体的にとらえて、すばらしいパラダイスを追い求めるように求めて、それをつかもう、つかもうとすればするほど、はるか向こうに行ってしまうのです。ところがその思いが翻されると、浄土は「ここを去りたまうこと遠からず」と私たちの足下から広がっているということなのです。

仏心と凡心が一体になるとはいっても、この世が浄土になるということではないのです。「ここを去りたまうこと遠からず」ですから、足下から浄土への道が広がっているということなのです。臨終の一念に大般涅槃を超証するわけですから、現生においては正定聚なのです。だから現生が浄土ではない。しかし、実体的に浄土を追い求めるのではないわけですから、十万億仏土の向こうということではなく、現実の凡夫のままで仏凡一体であって、浄土は「ここを去りたまうこと遠からず」と実感されてくるのです。

いまこの「御文」では、蓮如上人が、真宗の救済原理を、仏心と凡心が一体になるという形でお示しくださっているわけなのです。この仏凡一体とよく似たことばで、機法一体ということばがあります。機法一体の機というのは、人間です。それから法というのは本願です。これはもっと別の言い方をすれば、光と闇の自覚といってもいいわけです。つまり光と闇が一体であるように、機と法も本来一体のものなのです。

光と闇の関係というのは、闇だけがあるわけではない。同時に光だけが別に存在するわけでもない。光と闇とは裏表であって、一体です。その光と闇が一体であるというのと同じように、機と法が一体であるというのが機法一体ということです。この機法一体というのは、法の側に、仏の側にそういったことがすでに成就されているのです。機と法が一体になるということではなく、光と闇が一体のものであるのと同じように、本来機法は一体であるということなのです。

それに対して仏凡一体というのは、仏心と凡心が一体になるという仏法の利益を言っているのです。つまり凡心が法のはたらきを受けて仏心と一体になる。これは、法のはたらきでそのようになるのですから、仏心と凡心が一体になるというのは、仏法のはたらきによる利益なのです。

「御文」のところへ戻りますと、

このいわれをもって仏心と凡心と一体になるといえるはこのこころなり。これにより て、弥陀如来の遍照の光明のなかにおさめとられまいらせて、一期のあいだはこの光明のうちにすむ身なりとおもうべし。さていのちもつきぬれば、すみやかに真実の報土へおくりたまうなり。しかれば、このありがたさとうとさの、弥陀大悲の御恩をば、いかがして報ずべきぞなれば、昼夜朝暮には、ただ称名念仏ばかりをとなえて、かの弥陀如来の御恩を報じたてまつるべきものなり。このこころ、すなわち当流にたつるところの、一念発起平生業成といえる義、これなりとこころうべし。さればかように弥陀を一心にたのみたてまつるも、なにの苦労もいらず。また信心をとるというもやすければ、仏になり極楽に往生することもなおやすし。

と説かれています。仏心を凡心に一体にさせてくれるはたらきを担ってくれているのが、お念仏なのです。阿弥陀に南無する、自己を超えた世界に気づかせてくる、そのようなお念仏のはたらきによって、仏心と凡心が一体になる。わが身のわろきこころが自覚せられて、それがそのまま材料となって、仏心に転ぜられていくのです。それはそのまま、「罪障功徳の体となる」と説かれる親鸞聖人のお心と同じお心なのです。

このように、『論註』から学ばれた親鸞聖人の他力念仏の救済の原理が、よりいっそう平易なことばで表現されているというのが、この「仏凡一体章」と名づけられている「御文」であろうと思います。

五　南無阿弥陀仏の六字のいわれ——三帖目第六通

それ南無阿弥陀仏ともうすは、いかなるこころぞなれば、まず「南無」という二字は、帰命と発願廻向とのふたつのこころなり。また「南無」というは願なり。「阿弥陀仏」というは行なり。されば雑行雑善をなげすてて、専修専念に弥陀如来をたのみたてまつりて、たすけたまえとおもう帰命の一念おこるとき、かたじけなくも遍照の光明をはなちて、行者を摂取したまうなり。このこころすなわち「阿弥陀仏」の四つの字のこころなり。また発願廻向のこころなり。これによりて「南無阿弥陀仏」という六字は、ひとえに、われらが往生すべき他力信心のいわれをあらわしたまえる御名なりとみえたり。このゆえに、願成就の文には「聞其名号信心歓喜」（大経）ととかれたり。この文のこころは、その名号をききて信心歓喜すといえり。その名号をきくというは、ただおようにきくにあらず。善知識にあいて、「南無阿弥陀仏」の六つの字のいわれをよくききひらきぬれば、報土に往生すべき他力信心の道理なりとこころえられたり。

南無阿弥陀仏のいわれ

今回は、三帖目第六通を取り上げます。

この「御文」で、蓮如上人は南無阿弥陀仏のいわれをお示しくださっております。「御文」の中には、南無阿弥陀仏のいわれをお説きになったものがたくさんあります。帖内、帖外あわせますと、だいたい十七通ぐらいあると思います。その中で代表的なものを今回取り上げてみました。

まず最初に考えてみたいことは、蓮如上人が「御文」の中でこれほど何度もお念仏のいわれを説いておられる意図なり背景がどこにあるのかということです。どうやら当時はお念仏の意味が誤解されることが多くて、それを正すために説かれたのだと思われます。

お念仏の意味を誤って理解するというのは、今日でもよくあることです。南無阿弥陀仏といいますと、たいていの人はなにか御利益を得るために祈ることばだと思っているのではないでしょうか。「長生きできますように、ナンマンダブツ」「お金がもうかりますように、ナンマンダブツ」「なにかいいことがありますように、ナンマンダブツ」というように、祈るときの呪文だと思ってしまっています。

それも実をいうと無理からぬことなのです。だいたい『阿弥陀経』というお経の説き方自体がそうなっています。『阿弥陀経』には、前半に極楽の荘厳が説かれておりまして、後半にお念仏を勧める、いわゆる勧信が説かれています。そしてそのお念仏を勧める一段に、「執持名号、若一日、若二日、若三日、若四日、若五日、若六日、若七日、一心不乱、其人臨命終時」と、一心不乱にお念仏を称えなさいと説いてあるのです。

これは、われわれが正依の経典としている『阿弥陀経』の経文なのですが、中国の湖北省襄陽、龍興寺にある石碑で、隋の陳仁稜が刻んだといわれる「石刻阿弥陀経」には、「一心不乱」と「其人臨命終時」の間に、

専称名号以称名故諸罪消滅即是多善根福徳因縁

(専ら名号を称す。名を称するを以っての故に、諸の罪消滅す。即ちこの多善根福徳の因縁によって)

(『大正蔵経』四七—一二五七C)

の二十一文字があるのです。『阿弥陀経』の異訳である『称讃浄土経』にもこの二十一文字はありません。

ところが、法然上人は、襄陽石経の経文に注目されまして、『選択集』の多善根章に、然れば則ち雑善は是少善根なり、念仏は是多善根なり。故に龍舒の浄土文に云わく、襄陽の石に阿弥陀経を刻れり。乃ち隋の陳仁稜が書ける所の字画、清婉にして人多く

慕い玩ぶ。一心不乱より下に、専持名号以称名故諸罪消滅即是多善根福徳因縁と云う。今世の伝本に此の二十一字を脱せりと。

このように言われています。つまり法然上人は、襄陽石経の経文を根拠にして、称名念仏が多善根多福徳の行であると言われているのです。

この法然上人の立場を、親鸞聖人もうけておられまして、「化身土巻」本に、

『観経』に准知するに、この経にまた顕彰隠密の義あるべし。「顕」と言うは、経家は一切諸行の少善を嫌貶して、善本・徳本の真門を開示し、自利の一心を励まして、難思の往生を勧む。ここをもって『経』には「多善根・多功徳・多福徳の因縁」と説き、

とありまして、やはり襄陽石碑経の経文を根拠として、『阿弥陀経』が善本・徳本の真門を開示する経典であるとしておられます。

そうすると、『阿弥陀経』に説かれているお念仏は、諸罪を消滅するためのものであり、多善根多功徳多福徳の行であるということになるわけです。ですから平安時代以降日本にお念仏が広まるわけですが、そのお念仏というのは、諸罪を消滅し、浄土往生のための功徳を積むためのお念仏だったのです。ですから日本の他の宗派でも、お念仏を称えるところはたくさんありますけれど、そのお念仏は全部、滅罪と功徳を積むためのお念仏なので

す。これはわかりやすくいえば、御利益を得るために念仏を称えるということでしょう。経典にもそのように説かれているわけですから、今日でも念仏というのはそういうものだと思っていらっしゃるかたのほうが多いのではないでしょうか。

滅罪や福徳を祈る道具ではない念仏

ところで親鸞聖人が、『阿弥陀経』に説かれる念仏が「多善根、多功徳、多福徳」の行であると言われるのは、顕の意味、つまり経典の表面的な解釈によって言われるのであって、「真門の中の方便」として説かれていると言われるのです。

では、『阿弥陀経』に説かれる念仏の、真実の意味は何かというと、「化身土巻」に、

「彰」と言うは、真実難信の法を彰す。これすなわち不可思議の願海を光闡して、無碍の大信心海に帰せしめんと欲す。良に勧めすでに恒沙の勧めなれば、信もまた恒沙の信なり、かるがゆえに「甚難」と言えるなり。

と言われるように、「彰」つまり、経典の本来的解釈からすれば他力信心に帰せしめるために説かれているのです。では、どのようにして他力信心に帰せしめるかというと、功徳を積むために称える念仏が、「甚難」の行であることを示すことによって、それを捨てて

他力信心に帰入することを勧められるというのが、親鸞聖人の『阿弥陀経』に対する理解なのです。

『阿弥陀経』の最後には「難信之法。是為甚難」とあります。どうしてはなはだ難しいのかというと、お念仏で御利益を祈っても、それは簡単には成就しないからです。このように、『阿弥陀経』の最後に「甚難」と説かれているということは、お念仏が滅罪と福徳を祈るためのものではないということをいっているわけです。そういうふうに親鸞聖人は理解されました。

それは、ちょうど『観無量寿経』の理解と同じなのです。『観無量寿経』も最後になると、それまで説かれていた定善とか散善とかの修行を結論としないで、お念仏が説かれています。それは韋提希夫人がいろいろな難しい修行をしても、いずれの行も成就することができないということから、最後にお念仏だけが勧められているのです。そのように『観無量寿経』を理解された親鸞聖人は、『阿弥陀経』もそれと同じように理解されたのです。

ですから『阿弥陀経』に説かれている念仏は、けっして祈りの念仏ではないのです。ところが私たちは、念仏を祈りの道具にしてしまうのです。

そこで親鸞聖人は、『教行信証』に、

おおよそ大小聖人・一切善人、本願の嘉号をもって己が善根とするがゆえに、信を生ずることあたわず、仏智を了らず。かの因を建立せることを了知することあたわざるがゆえに、報土に入ることなきなり。

と説かれるのです。

お念仏を自分の善根とするから、信心を得ることができないと言われています。つまり、お念仏を自分の徳を高める善根功徳と考えてはいけないということです。では、どうしてお念仏を自分の善根としてはいけないかというと、お念仏の力を利用して、滅罪や福徳を求めるかぎり、どうしても求めたいものに心が奪われて、永遠にその求めたいもののとりこになってしまうからなのです。「長生きしますように、ナンマンダブツ」「りっぱになれますように、ナンマンダブツ」「罪が消えますように、ナンマンダブツ」、このように念仏をしている間は、どうしても求めたいものに心が奪われて、永遠にそれのとりこになっていきます。だから「信を生ずることあたわず」といわれる。その信というのは、仏のこころです。仏のこころがいただけないのです。自分の御利益を求める心で仏のこころがいただけるはずはありません。

でも、考えてみたら、今日でも世間で宗教といえば、ほとんどが滅罪や福徳を祈るものばかりだろうと思います。そしてそれは、親鸞聖人の時代も、さらには蓮如上人の時代も、同じような状況だったのです。そういう状況の中で、親鸞聖人は滅罪や福徳を祈る念仏を否定されました。

しかし、親鸞聖人がいくら『教行信証』でこういうお立場を主張されましても、世間的には、やはり平安浄土教以来の一般的な念仏理解のほうが横行しているわけです。そして、そういう状況は蓮如上人の時代まで続いているのです。だからこそ、蓮如上人は親鸞聖人のおこころに帰って、滅罪や福徳を祈る念仏ではないということを「御文」に書かれて、お示しになっているわけです。そしてつねに、「六字のいわれを尋ねなさい」「南無阿弥陀仏のいわれを尋ねなさい」と言われるのです。

善導大師の六字釈

親鸞聖人は『教行信証』の中で、

「聞」と言うは、衆生、仏願の生起・本末を聞きて疑心あることなし。

このように、聞くというのは、本願のおいわれを聞く、ナンマンダブツのいわれを聞くことだとおっしゃっています。

では、親鸞聖人は、念仏が祈りの念仏ではないのだということを何を根拠にしておっしゃったのかというと、それは善導大師の念仏の解釈なのです。善導大師の念仏の解釈は、六字釈と言われていまして、『教行信証』の「行巻」に引文されています。

また云わく、弘願と言うは、『大経』の説のごとし。一切善悪の凡夫、生まることを得るは、みな阿弥陀仏の大願業力に乗じて、増上縁とせざるはなきなり、と。

また云わく、「南無」と言うは、すなわちこれ帰命なり、またこれ発願廻向の義なり。「阿弥陀仏」と言うは、すなわちこれ、その行なり。この義をもってのゆえに、必ず往生を得、と。

蓮如上人は「御文」の中にこの善導大師の六字釈をお引きになって、六字のいわれを示しておられるわけなのです。

また、親鸞聖人は、

しかれば、「南無」の言は帰命なり。「帰」の言は、至なり。また帰説［よりたのむなり］なり、説の字、悦の音、また帰説［よりかかるなり］なり、説の字は、税の音、悦税二つの音は告ぐるなり、述なり、人の意を宣述るなり。「命」の言は、業なり、招引なり、使なり、教なり、道なり、信なり、計なり、召なり。ここをもって、「帰命」は本願招喚の勅命なり。「発願廻向」と言うは、如来すでに発願して、衆生の行を廻施したまうの心なり。「即是其行」と言うは、すなわち選択本願これなり。「必得往生」と言うは、不退の位に至ることを獲ることを彰すなり。『経』（大経）には「即得」と言えり、『釈』（易行品）には「必定」と云えり。

このように、善導大師の六字釈をさらに解釈していらっしゃるわけです。善導大師の六字釈に対して、親鸞聖人のこの解釈は名号釈といわれています。

また、『尊号真像銘文』の善導大師の讃文の解釈のところに、

善導和尚の云わく、「言南無者　即是帰命　亦是発願廻向之義　言阿弥陀仏者　即是其行　以斯義故　必得往生」（玄義分）

「言南無者」というは、すなわち帰命ともうすみことばなり。帰命はすなわち釈迦・弥陀の二尊の勅命にしたがいて、めしにかなうともうすことばなり。このゆえに「即是帰命」とのたまえり。「亦是発願廻向之義」というは、二尊のめしにしたごうて安楽浄土にうまれんとねがうこころなりとのたまえるなり。「言阿弥陀仏者」ともうすは、「即是其行」となり。即是其行は、これすなわち法蔵菩薩の選択本願なりとしるべしとなり。安養浄土の正定の業因なりとのたまえるこころなり。「以斯義故」とい

うは、正定の因なる、この義をもってのゆえにといえる御こころなり。必はかならずという。得はえしむという。往生というは浄土にうまるというなり。かならずというは、自然に往生をえしむとなり。自然というは、はじめてはからわざるこころなり。

親鸞聖人は、南無阿弥陀仏について善導大師のおことばをもとに、こうおっしゃっているわけです。

願行具足の念仏

ところで、善導大師がこのような六字釈をなさったのには、実は一つの理由があるのです。善導大師は、中国の隋の終わりから唐の初めのころのかたですが、そのころに仏教界で一つの論争があったのです。お念仏には、願はあっても、行が具わっていないという批判が摂論宗からなされまして、念仏者との間で論争になっていたのです。善導大師の六字釈というのは、実は摂論派に対する反論の意味があるのです。そこで、お念仏の中には願も行も具わっているのですよ。「南無というは帰命なり。またこれ発願廻向の義なり。阿弥陀仏というはその行なり」という、そういう理解を善導大師が示されたわけなのです。

そしていまそれをうけて親鸞聖人が解釈され、そして蓮如上人がそのおこころを同じように示された。もっとも、これは法然上人もそのようなお立場ですから、蓮如上人の「御文」の書き方というのは、法然上人、親鸞聖人の念仏理解をそのままうけてお示しになっているのです。

ところで、この三帖目第六通の「御文」が書かれたのは文明六年で、まだ吉崎に蓮如上人がおられたころです。この年に吉崎御坊が炎上しています。それこそ遠国、近国、七か国、八か国から人々がたくさんお集まりになってくる。そういう中で蓮如上人は、六字のいわれをお示しになっている。

「御文」の本文を見てみましょう。

それ南無阿弥陀仏ともうすは、いかなるこころぞなれば、まず「南無」という二字は、帰命と発願廻向とのふたつのこころなり。

これはさきほどの善導大師の六字釈に基づいているわけです。

また「南無」というは願なり。「阿弥陀仏」というは行なり。されば雑行雑善をなげすてて、専修専念に弥陀如来をたのみたてまつりて、たすけたまえとおもう帰命の一念おこるとき、かたじけなくも遍照の光明をはなちて、行者を摂取したまうなり。

帰命の心

この南無ということばの解釈なのですけれども、ここでは注目すべきことばとして、「たのむ」ということばが使われております。漢字を当てれば「憑む」という字です。南無ということばは、これは「ナモー」というインドのことばを音写したものです。「ナモー」を「南無」と漢字で書いただけですから、この字に意味があるわけではないのです。それでそれを中国のことばに翻訳するときに、「帰命」と訳したわけなのです。その帰命ということについて、親鸞聖人は『尊号真像銘文』に、

「言南無者」というは、すなわち帰命ともうすみことばなり。帰命はすなわち釈迦・弥陀の二尊の勅命にしたがいて、めしにかなうともうすことばなり。

と、そのような言い方をされています。それから「讃阿弥陀仏偈和讃」に「帰命」ということばが何度も出てくるのですが、その帰命には「よりたのむ」という左訓がしてあります。あるいは、坂東本の『教行信証』「真仏土巻」のところの帰命には、「たのむ」と左訓が施されております。

いまこの「御文」の中に出てきます「弥陀如来をたのみたてまつりて」という、この「たのむ」というのは、帰命という意味なのです。「たのむ」というと、われわれはすぐ、

仏に御利益をたのむというように考えてしまうのですが、蓮如上人のいわゆる「たのむ」というのは、親鸞聖人と同じように帰命という意味の「たのむ」なのです。つまり弥陀如来に帰命せよということを、「たのむ」ということばでおっしゃっているわけです。それは、文字どおり仏に頭が下がるという意味です。仏を仰ぐという意味です。頭が下がるというのは、頭を下げるのではなくて、頭が下がるのです。頭が下がるということは、頭を下げさせるものに出会っているということです。

「仏のほうを向いても仏はいない。汚い自分を見ると、仏に会える」

これは、画家の高光一也先生のことばですけれども、汚い自分というのは、自分では見えないのです。汚い自分であるとわかるということは、すでに汚い自分であるということを照らしてくれるものに出会っているわけです。そのように、汚い自分であるということをわれわれに気づかせてくれるものが、仏です。ですから頭が下がるということは、すでに頭を下げさせるものに出会っているということなのです。だから南無というのは帰命であり、同時に発願廻向なのです。仏の大きな願いによってすでに私が照らされているからこそ、私たちは仏に帰命することができるのです。だから南無ということの中に発願廻向という仏のはたらきが同時に含まれているといわれるのです。

六　如来廻向の南無阿弥陀仏——三帖目第八通

当流安心のそのすがたをあらわさば、すなわち南無阿弥陀仏の体をよくこころうるをもって、他力信心をえたるとはいうなり。されば「南無阿弥陀仏」の六字を、善導釈していわく、「『南無』というは帰命、またこれ発願廻向の義なり」（玄義分）といえり。そのこころいかんぞなれば、阿弥陀如来の因中において、われら凡夫の往生の行をさだめたまうとき、凡夫のなすところの廻向は自力なるがゆえに、成就しがたきによりて、阿弥陀如来の、凡夫のために御身労ありて、この廻向をわれらにあたえんがために、廻向成就したまいて、一念南無と帰命するところにて、この廻向をわれら凡夫にあたえましますなり。かるがゆえに、凡夫のかたよりなさぬ廻向なるがゆえに、これをもって如来の廻向をば、行者のかたよりは不廻向とはもうすなり。このいわれあるがゆえに、「南無」の二字は帰命のこころなり。また発願廻向のこころなり。このいわれなるがゆえに、南無と帰命する衆生を、かならず摂取してすてたまわざるがゆえに、南無阿弥陀仏とはもうすなり。これすなわち一念帰命の他力信心を獲得する、平生業成の念仏行者といえるはこのことなりとしるべし。

仏の願と仏の行

今回は、三帖目第八通を取り上げました。この「御文」も、善導大師の六字釈を根拠にして、正しい念仏とはどのようなものかを説いておられます。

ところで善導大師の六字釈というのは、摂論宗からの念仏批判に対する反論だったのですけれども、摂論派では、念仏には願はあるけれども、行は具わっていないと批判したのです。『観無量寿経』の下品下生段に「具足十念称南無阿弥陀仏」と、十回お念仏を称えれば往生できると説かれています。ところが摂論派の人々は、十回ぐらいのお念仏は、修行の部類には入らない。だから称名念仏には、願はあるかもしれないけれども、行は具わっていないという論難をしたのです。それに対して、善導大師が、

「南無」と言うは、すなわちこれ帰命なり、またこれ発願廻向の義なり。「阿弥陀仏」と言うは、すなわちこれ、その行なり。この義をもってのゆえに、必ず往生を得、と。

このように解釈をされまして、称名念仏には願も行も具わっていると反論されたわけです。

ところが、称名念仏に願行具足しているとされるのですけれども、それは摂論宗の人たちが指摘した願とか行というのとは概念が異なっているのです。どう異なっているかといいますと、一般に仏教で願といえば、これは衆生の起こす願です。衆生が仏に願いを立てる、それが願です。そして行というのも、同じく衆生のする行です。衆生がいろいろな行をして徳を積み、その積んだ徳を仏に振り向けるという、衆生がする行なのです。

ところが善導大師や親鸞聖人の場合は、一般的な願行の理解とは違っているのです。どういうふうに違うのかといいますと、普通は、衆生のほうから修行し、仏のほうにその徳を廻らし振り向ける願であり、行なのですが、善導大師の願と行というのは、法蔵菩薩が発願した仏の願いであり、行も仏のはたらきであるといわれるのです。衆生の行に対して仏の行を、親鸞聖人は大行と言われています。摂論派の人々が称名念仏に対して、願はあるかもしれないけれども、そんなものは行と言えないと批判したわけですが、それに対して善導大師は、願も行も具わっている、願は仏の発願廻向、仏の大いなる願い。そして行というのは、阿弥陀仏のはたらきです。だから仏の願と仏の行が具わっているといわれるのです。

親鸞聖人の読み替え

では、どうして願と行が仏の願行であって衆生の願行ではないと善導大師が考えられたのかというと、衆生が自らの力で浄土往生の願行を成就することが不可能だからです。もっと厳密にいえば、不可能である自分であったと自覚したということなのです。

そのような善導大師の教えによって、法然上人も親鸞聖人も同じように、自らを修行できない凡夫であると自覚され、念仏はすべて仏からの廻向によるものであるとされるのです。親鸞聖人が、念仏を衆生の行ではなく如来廻向の行であると考えておられたことがはっきりとわかる文がありますので、それを見てみたいと思います。

いちばん初めは、『大無量寿経』にあります第十八願の成就文です。普通は、

あらゆる衆生、その名号を聞きて、信心歓喜し、乃至一念せん。至心に廻向してかの国に生まれんと願わば、すなわち往生することを得……

と読む文章なのですが、親鸞聖人は、「至心に廻向してかの国に生まれんと願わば」というところを、

心を至し廻向したまえり。かの国に生まれんと願ずれば、すなわち往生を得……

と読み方を変えておられるのです。

普通の読み方に従いますと、至心に廻向するというのは衆生の行為になります。ところが親鸞聖人は「心を至し廻向したまえり」と読まれて、阿弥陀仏が衆生に廻向してくださるのであると解釈されたのです。

また、善導大師の「散善義」の至誠心の解釈の文も親鸞聖人は読み替えておられます。普通に読めば、

一者至誠心。至は真なり、誠は実なり。一切衆生の身口意業の所修の解行、必ずすべからく真実心の中に作すべきことを明さんと欲う。

という文章です。それを親鸞聖人は、「真実心の中に作すべきことを明さんと」というところを読み替えられまして、

一切衆生の身口意業の所修の解行は、必ず真実心の中に作したまえるをもちいることを明さんと欲う。

とされています。

「真実心の中に作すべきこと」というのであれば、衆生が真実の心で修行しなさいという意味になります。ところが、「真実心の中に作したまえるをもちいる」ということですと、阿弥陀仏が真実心によって成就された行を衆生の行としてもちいるという意味になり

ます。

このように、親鸞聖人は、往生の行は阿弥陀仏によって成就され、それを衆生に廻向されたものであるとされているのです。

いまの「散善義」の文は続いて、

外に賢善精進の相を現じて、内に虚仮を懐くことを得ざれ。貪瞋邪偽、奸詐百端にして、悪性侵め難し。

とあります。これは、内心と外相を共に真実にしなさいと説く文章です。

ところが親鸞聖人は、これを次のように読み替えられるのです。

外に賢善精進の相を現ずることを得ざれ。内に虚仮を懐きて、貪瞋邪偽奸詐百端にして悪性侵め難し。

このように読みますと、心の内が虚仮であるから、賢善精進の素振りを見せることすらできないという意味になります。つまり、親鸞聖人は、内も外も真実になりなさいという善導大師のことばを、真実にはなり得ない凡夫であるという自覚のことばとして理解されたということです。

このように、真実になり得ない自己であるという自覚が深くなればなるほど、衆生が

「至心に廻向する」ことも「真実心の中に作す」ことも不可能であるということになってきます。だからこそ、親鸞聖人は、本願成就文を「至心に廻向せしめたまえり」と読み替え、善導大師の「散善義」の文を「真実心の中に作したまえるをもちいる」と、往生の行はすべて阿弥陀仏によって成就され、衆生に廻向されたものであるとされたのです。

如来廻向の行信

親鸞聖人は、「信巻」に『涅槃経』を引用して、

「真実」というは、すなわちこれ如来なり。如来はすなわちこれ真実なり。

と、真実は如来の側にあるもので、衆生の側にはないことを明確にしておられます。

しかし、人間は自分で自分のことを不真実であるとは気がつかないのです。自分が不真実であって虚仮であることに気づかされるというのは、自己を超えた真実に照らされて、はじめて不真実で汚い自分であるということはわかるわけです。その汚い自分であるということがわかるということは、すでに照らしてくれるものに出会っているのです。照らしてくれるものが真実なのです。虚仮不実であると私に気づかせてくれるはたらきを持っているものが真実、それが如来なのです。

ですから、どこまでもどこまでも仏の側に真実があって、そしてこちらが虚仮不実だというふうに自覚させられてくる、そういうことなのです。こちらが自分を磨いて、りっぱになっていく、真実になっていくのではないのです。磨いて仏になるのではないのです。智慧に照らされて、自己を超えた世界からのはたらきかけによって、智慧に照らされて、真実に帰っていくというのです。

親鸞聖人は「信巻」に、

急作急修して頭燃を灸うがごとくすれども、すべて「雑毒・雑修の善」と名づく。また「虚仮・諂偽の行」と名づく。「真実の業」と名づけざるなり。

と言っておられます。

ほんとうに必死になって、自分の頭にふりかかる火の粉を振り払うがごとく、必死になって、自分で真実になろうと努力しても、不可能であると言われているのです。だからこそ、自己を超えた如来に照らされて、自己が虚仮不実であると自覚し、その自覚に立って如来廻向の真実の願行を用いる。それが他力なのです。ほかなるもののはたらきなのです。衆生が仏の真実を用いるというのは、仏のはたらきによって私を虚仮不実だと気づかせてくれるということなのです。

そのような善導大師の「散善義」の立場をうけて、法然上人は、『選択集』の二行章に、

第四に不廻向廻向対というは、正助二行を修するものは、たとい別に廻向を用いざれども、自然に往生の業と成る。

と、念仏というのは衆生の側からすれば、不廻向の行だと説かれるのです。廻向を用いざれども自然に往生の業となると、法然上人は衆生の側からの廻向を否定されたのです。ところが、これが聖道門仏教から批判されることになるのです。その代表が栂尾の明恵上人です。衆生が道心を起こして廻向しようとするのを否定するということは、菩提心を否定するものであって、そのような教えは仏教ではないといって、攻撃されたわけです。それは、法然上人が亡くなったあと、『選択集』が出版されてから、そういう批判が出てきたのです。ですから法然門下の人たちは、その批判に答える義務ができたのです。

では親鸞聖人はその批判にどう答えられたかといいますと、法然上人がおっしゃるように、衆生は虚仮不実の凡夫であるという自覚から答えられるのです。自己が凡夫であるということは、こちらに真実があるわけではない。こちらから仏にめぐらし向けることのできる真実はなにもない。だから逆に仏のはたらきが衆生に届いてくる。それを他力廻向といわれるのです。本願のはたらきとして仏の行、仏の信が衆生に届いてくる。このように

仏の真実心が衆生にいたり届いた心が信心ですから、衆生の心に起こった信心が真実の菩提心であるといわれるのです。親鸞聖人は、それを「浄土の大菩提心」といわれています。このように、親鸞聖人は、念仏には他力廻向の大菩提心があると言われて、聖道門からの批判に答えられたのです。

南無阿弥陀仏のいわれを聞く

さて、ここで蓮如上人の「御文」に戻りたいと思います。

されば「南無阿弥陀仏」の六字を、善導釈していわく、「『南無』というは帰命、またこれ発願廻向の義なり」(玄義分)といえり。そのこころいかんぞなれば、阿弥陀如来の因中において、われら凡夫の往生の行をさだめたまうとき、凡夫のなすところの廻向は自力なるがゆえに、成就しがたきによりて、阿弥陀如来の、凡夫のために御身労ありて、この廻向をわれらにあたえんがために、廻向成就したまいて、一念南無と帰命するところにて、この廻向をわれら凡夫にあたえましますなり。かるがゆえに、凡夫のかたよりなさぬ廻向なるがゆえに、これをもって如来の廻向をば、行者のかたよりは不廻向とはもうすなり。

このように蓮如上人は説かれています。衆生の側から真実になろうとして、必死になって修行するとか、徳を積むとかということはできないことです。如来の真実に照らされれば、いよいよ凡夫である自分が見えてくる。そのために法蔵菩薩が兆載永劫の修行をして、仏のほうから衆生を救うというはたらきを持っている。だから衆生のほうからは不廻向であるといわれるのです。

そして続いて蓮如上人は、

このいわれあるがゆえに、「南無」の二字は帰命のこころなり。また発願廻向のこころなり。このいわれなるがゆえに、南無と帰命する衆生を、かならず摂取してすてたまわざるがゆえに、南無阿弥陀仏とはもうすなり。

と説かれています。ここで蓮如上人は、願行具足ということをまずおっしゃって、その次にお念仏の中に機も法も具わっていると、機法一体を説かれるのです。お念仏の中に機も法も具わっている。機というのは、機の深信。法というのは、法の深信です。機というのは、自己自身、人間という意味です。ですから人間の自覚、自己の自覚が機なのです。自身は罪悪生死の凡夫であって、虚仮不実であるという闇の自覚、それが機の深信です。

それに対して、法というのは、光の自覚です。阿弥陀仏のはたらき、摂取不捨のはたらきを知ることが法の深信です。その闇と光は裏表の関係であって、しかもその道理がお念仏のいわれの中に含まれている。南無というのは、頭が下がる。機の深信です。それから、阿弥陀仏というのが法のはたらきを示しているのだといわれるのです。

つまり仏のほうに願も行も具足して、そして機法一体の南無阿弥陀仏として衆生に廻向されているのです。その他力廻向のはたらきによって、衆生が自らを罪悪深重と自覚する。だから、阿弥陀仏に頭が下がるということは、そこに法のはたらきとしての阿弥陀仏のはたらきがあるということなのです。それが表裏一体で、南無阿弥陀仏ということばの中にすべて成就されているのです。阿弥陀仏というのが法のはたらきで、南無というのが機の深信です。そのことが南無阿弥陀仏ということばの中に含められているということで、機法一体という言い方が出てくるわけです。

そういう形で蓮如上人は、南無阿弥陀仏という六字の中に、真宗の教えの原理そのものが含まれていると説かれるのです。だから、もう難しいことは言わなくてよろしい。ただ南無阿弥陀仏のおいわれを聞いてください。その南無阿弥陀仏のいわれの中に、機法一体という、機の深信、法の深信という真宗の救済原理そのものが込められているのです。だから、そのことを理解してもらったらいいのですと説かれるのです。

ところが、この南無阿弥陀仏が、その当時たいへん誤解されていたわけなのです。お念仏というのは、祈りの呪文であり、御利益を祈る手段のように誤解されていたのです。その誤解を正すために、蓮如上人は努力されたのです。南無阿弥陀仏ということばは、御利益を祈るためのものではないのだ。そうではなくて、自己を超えた世界に出会っていく。自己を超えた世界に照らされて、自己が阿弥陀に南無するという、そういう中に、われわれが人間らしさを回復していく、真実に帰っていく、そういう意味があるのだと、そのことを南無阿弥陀仏一つでわれわれに示そうとなさった。まさに南無阿弥陀仏一つの中にその真宗の救済の原理そのものを示され、あるいはわれわれの信仰というのは、南無阿弥陀仏のいわれそのものを、仏の声として聞いて、そのいわれをたずねていくことに尽きるのだというような、そういう形でお示しくださっているわけなのです。

善導大師の六字釈を説かれた「御文」がたくさん出てまいりますけれども、それだけお念仏が誤解されていたということであり、あるいはまた、真宗の救済というのはお念仏一つによるのですよという形で、われわれにそれこそ何度も何度もお示しくださっているということです。

七　宿善・無宿善――三帖目第十二通

それ、当流の他力信心のひととおりをすすめんとおもわんには、まず宿善無宿善の機を沙汰すべし。されば、いかにむかしより当門徒にその名をかけたるひとなりとも、無宿善の機は信心をとりがたし。まことに宿善開発の機は、おのずから信を決定すべし。されば無宿善の機のまえにおいては、正雑二行の沙汰をするときは、かえりて誹謗のもといとなるべきなり。この宿善無宿善の道理を分別せずして、手びろに世間のひとをもはばからず勧化をいたすこと、もってのほかの当流のおきてにあいそむけり。されば『大経』に云わく「若人無善本　不得聞此経」ともいい、「若聞此経　信楽受持　難中之難無過斯難」ともいえり。また善導は「過去已曾修習此法　今得重聞　即生歓喜」（定善義）とも釈せり。いずれの経釈によるとも、すでに宿善にかぎれりとみえたり。しかれば、宿善の機をまもりて、当流の法をばあたうべしときこえたり。このおもむきをくわしく存知して、ひとをば勧化すべし。

無宿善の機

今回は三帖目第十二通を取り上げました。この「御文」には宿善・無宿善ということが説かれています。そこで今回は、宿善・無宿善ということについて考えてみたいと思います。

無宿善ということばは、蓮如上人が書写された『歎異抄』のいちばん最後にも出てきます。そこには、

右斯聖教者、為当流大事聖教也。（右この聖教は、当流として大事の聖教なり。）

於無宿善機、無左右不可許之者也。（無宿善の機には、左右なくこれを許すべからざるものなり。）

釈蓮如

と書かれています。『歎異抄』の原本は残っていないわけで、写本でいちばん古いものは蓮如上人が写された写本です。その最後に蓮如上人自身がこの二行をお書きになっているわけです。そしてこの二行が短絡的に受け止められまして、蓮如上人は『歎異抄』を本願寺の奥深くしまい込んでしまって、人々にはあまり見せなかったというふうに一般に言われています。そして明治の先学たちが『歎異抄』を表へ出してきて、人々に普及させたと、ほとんどの『歎異抄』の解説書に書かれています。

ところが、そういうふうに考えるのは、まちがいなのです。それはどうしてかといいますと、『歎異抄』の写本は、今日確認できるものが二十八本残っていて、古い写本は、永正十三年（一五一六）の専精寺旧蔵本（『真宗聖教全書』の対校本の注に「天正十三年」と誤記されていたため端坊旧蔵本より新しいとされていたが、近時の調査で「永正十三年」と確認された）、永正十六年（一五一九）端坊旧蔵本などで、蓮如上人が亡くなったのが明応八年（一四九九）ですから、その十七年後から二十年後に写されたものです。また江戸時代以前に作られたものもかなりあります。

また『歎異抄』の講録もたくさんあります。円智の『歎異抄私記』は江戸時代初期ですし、三河の満徳寺了祥師によって書かれた『歎異抄聞記』は、江戸時代の後期にできたものです。また、香月院深励師は『歎異抄』を四回も講じておられます。『歎異抄講林記』などは、その代表作です。そういうことから考えますと、『歎異抄』ほどよく読まれたお聖教は、そう多くないといえるのです。そうしますと、蓮如上人が『歎異抄』を本願寺の奥深くしまい込んでしまったのを、明治の先学者たちがやっと日の目を見せ表へ出してきたというのは、事実とは言えないということになります。

では蓮如上人のこの二行の識毫の意図はどこにあったのでしょう。この文章を素直に受け取れば、「無宿善の機には見せてはだめですよ。宿善あつきもの、仏法を聞く心根のある人にこれを読ませてください」、こうおっしゃっているのでしょう。

『空善聞書』の第二五条に、

聖教、わたくしにいずれも書くべきように思えり。機を守りて許すことなり。（中略）聖教を惜しむは、よく広めんがためなり。（『真宗史料集成』第二巻、四二一頁）

とあります。ここに、「聖教を惜しむは、よく広めんがためなり」とおっしゃっているのです。また「機を守りて許す」とも言われています。また大谷大学に蓮如上人が書写された文安四年（一四四七）の『末燈鈔』が残っているのですが、その最後に、「可秘可秘而已（秘すべし秘すべし）」と書いてあるのです。

そのように書かれた蓮如上人のお心というのは、やはり宿善あつきものにこれを読んでほしいということだと思います。そういう願いを蓮如上人は持っておられたのだろうと思います。ですから、『歎異抄』の最後に書かれたおことばというのは、いわば『歎異抄』を読む姿勢をおっしゃっているのでしょう。仏法を学ぶ心根を持って読んでくださいよという意味が込められているのです。『歎異抄』という書は、ちょっとへそを曲げて読んだら、これはとんでもないことになります。「善人なおもて往生をとぐ、いわんや悪人をや」

というおことばを、へそを曲げて読んだら、悪人こそ救われるというのだから、みんな悪いことをしましょうというような話になりかねません。

また、「親鸞は父母の孝養のためとて、一返にても念仏もうしたること、いまだそうらわず」というおことばも、われわれの常識とは一見逆に思えるようなことですから、仏法を学ぶ心のない人が読んだら、やはりたいへんなことになってしまうでしょう。

窓前に遺すことなかれ

法然上人の吉水教団でも同じようなことがありました。法然上人は選択本願念仏を立てられて、諸行を廃して、念仏を選択された。これをことばどおりにとりましたら、立てられる念仏の側はいいのですけれども、廃せられるほうの諸行、つまり聖道諸宗は黙っておられないでしょう。そうするとやはり、法然上人の教えを無宿善の機が理解すると、大きな問題がわき起こる可能性が出てきます。そして事実わき起こってきたのです。

それに対して親鸞聖人が、『選択集』を開顕して、『教行信証』を書いておられる。その中で親鸞聖人は「自らのうえにおいて」というところで言っておられるわけです。「自らのうえにおいて、ただ念仏しかない」と言われているのであって、ほかの道を誹謗しているわけではないのです。

親鸞聖人は、仏教を整理分判して、二双四重の教判というのを立てていらっしゃいます。それはなにも他の仏教を誹謗して、自分の宗の優位性を主張するために立てられたのではないのです。どの道もすばらしい道なのです。どの道もすばらしいのですけれども、自分のような凡夫にとっては難しい修行はできっこない。だからただ念仏しかないということです。だから、なにも聖道諸宗の教団を廃しているのではない、否定しているのではないのです。八万四千の法門は、全部釈尊の教えであり修多羅（経）なのですから、それを否定したら謗法のとがになるわけです。だから念仏しかないというのは、主体的なところでの確認なのです。もしそういう視点を持たないで選択本願念仏ということを受け止めると、とんでもないことになるわけです。

そのことを法然上人も恐れたのです。ですから『選択集』の最後には、こんなふうに書いてあります。

庶幾ばくは一たび高覧を経ての後に、壁の底に埋みて、窓の前に遺すことなかれ。おそらくは破法の人をして、悪道に堕せしめざらんがためなり。

これは、蓮如上人が書かれた、「無宿善の機には左右なくこれを許すべからざるものなり」

というのと同じお心で書かれていたものでしょう。「窓前に遺すことなかれ」というのですから、目に触れるところに置いてはいけないということです。これもやはり、学ぶ心根のない人が読むと、悪道にその人を堕とすことになってしまうとおっしゃっているわけなのです。

宿善が開く

では、宿善というそのことば自体の意味は何なのかということを考えてみたいと思います。「遠く宿縁を慶べ」ということばが『教行信証』の総序にあります。あるいは宿因などということばも出てきます。あるいは宿福ということばも出てきます。これらはいずれも同じような意味のことばです。

ところで、宿善の「宿」というのは、宿るという意味なのですけれども、それは思い出せないような昔、あるいはまた思いを超えたというような意味もあるのだろうと思います。

『教行信証』の総序に、

ああ、弘誓の強縁、多生にも値いがたく、真実の浄信、億劫にも獲がたし。たまたま行信を獲ば、遠く宿縁を慶べ。

とあります。宿縁を慶ぶというのは、「値いがた」い出遇いに「たまたま」出遇えたという慶びがあるのでしょう。難しい出遇いということは、尊い出会いであるということです。

いまこの「御文」では、『大無量寿経』のことばと、善導の『観経疏』のことばをもってきて説明しています。「もし人、善本なければ、この経を聞くことを得ず」、また「もしこの経を聞きて、信楽受持せんは、難が中の難、この難に過ぎたるはなし」、この二つのことばが挙げられています。だから、自己を超えた、そういう大きなはたらきを主体的に受け止める。それはまさに「難中之難無過斯難」であるといわれるのです。さらにその次には、また善導大師の文を引いて、「過去にすでにかつてこの法を修習し、いま重ねて聞くことを得て、すなわち歓喜を生ず」といわれます。

だから私たちの思いを超えた大きなものとの出遇い、あるいはそういうものに触れることによって、私たちの中に仏法を学ぶ心、またはその種をつくってくれているのだということです。あるいはそういうふうに受け止めていくということが宿善を知ることだと思うのです。こういうことは、よくよく振り返ってみますと、けっこうなるほどと思うことがあります。

たとえば作家の五木寛之さんは、蓮如上人についていろいろと書いておられますが、それにもやはりそうなるべき出会いがあったのです。五木さんは、金沢に暮らして、小さいときからそういう風土の中で育ったと話しておられます。あるいは真継伸彦さんも蓮如上人とか一向一揆について書いておられますが、やはりそういう出会いがあったと言っておられます。あるいは杉本苑子さんがそういう随筆をよくお書きになっています。吉川英治さんが親鸞を書いているときに、お手伝いをしたとか、向田邦子さんが「阿修羅のごとく」という作品を書いている。やはりあの人もお母さんが北陸、能登の出身で、随筆を読んだら、そういう出会いがあった、こうおっしゃっているわけです。

やはりそういう出遇いがその人の関心を呼んで、方向づけをしていくのでしょう。知らず知らずのうちに、その人もやはりそういうふうな関心なり出会いを持っていくわけなのでしょう。

こういうことは、私もいなかの寺に暮らしておりまして、よく感じます。これはもうわれわれ自身でも同じことですけれども、非常によくお寺へ聴聞に来られるところの息子さんは、先代さんが亡くなっても、なにかそういうようなことをしてくださるかたがけっこういらっしゃいます。それはやはりその人が意識するしないにかかわらず、なにか底流でその人を揺り動かし、あるいはその人の中に学ぶ心根といいますか、種というようなものを植え付けるのだと思います。あるいはその人がそういうことを自分なりに実感しているのではないかなということを思うわけなのです。そういうものが開いていくのです。つまり、宿善の開発です。

尊い出遇い

そうしますと、そういうことがなにか私たちを大きく揺り動かしていく、方向づけていく。あるいはたまたま出会った『歎異抄』なら『歎異抄』、また『教行信証』なら『教行信証』を読んでいるうちに、そのことがそういうふうに自分に受け止められてくるとか、そういう出会いはいろいろあるのでしょうけれども、「たまたま」ということばで示される、それはまさに私の力といってみれば、そう言えないこともないのでしょうけれども、それはたまたまなのだと、たまたまそういう出会いをさせていただいた。やはり自分を超えた大きな、そういうはたらきによって結ばれたのだと、たまたまそういう出会いをいただいた。それであるがゆえに、難中の難なのだと、難中の難であるがゆえに、それはほんとうに尊い出会いなのだということです。そして、それは非常に主体的に受け止めていく立場だろうと思うのです。

蓮如上人が愛読された書に『安心決定鈔』というのがあります。この『安心決定鈔』の中に、こんなことが書かれているのです。

「三千大千世界に芥子ばかりも釈尊の身命をすてたまわぬところはなし」(法華経)。みなこれ他力を信ぜざるわれらに信心をおこさしめんと、かわりて難行苦行して縁をむすび、功をかさねたまいしなり。

つまり、釈尊は私たちに、他力の信心をおこさせるために、芥子という小さなものにまで縁を結ばれたといわれるのです。だからそれこそちっぽけなものであっても、私に他力の信を気づかせてくれるはたらきを持っているのだということです。そういう受け止め方がされているのです。

たとえば『観無量寿経』にしましても、読み方によっては定善、散善という難しい修行を説く経典なのです。ところがそれを主体的に受け止めると、他力の念仏を説いた経典になる。それと同じように、野辺にある雑草一本も、他力の眼差しでもって触れていけば、私どもに他力信心を教えてくれるのでしょう。そのような縁に出遇えたとき、まさに「遠く宿縁を慶べ」ということが実感されているのです。

宿善あつき心

それはまさに聞くという心根がないと、そうは思えてこないのです。『蓮如上人御一代記聞書』の一〇六条にこんなことをおっしゃっております。

「時節到来と云うこと。用心をもし、そのうえに事の出で来候うを、時節到来とは云うべし。無用心にて事の出で来候うを、時節到来とはいわぬ事なり。聴聞を心がけてのうえの、宿善・無宿善とも云う事なり。ただ、信心は、きくにきわまることなる由、仰せの由に候う。」

聴聞に心がけてのうえの、宿善・無宿善ということなのです。つまり聞く心、学ぶ心を持っていると、あらゆるものから教えられるのです。それこそわが子からも教えられることがあるのです。

そのように、自己を超えた大きなものに聞き学ばされて他力信心に気づかされていく私たちなのです。そのように私を目覚めさせようとする大きなはたらきに出遇い、気づいたときに、他力信心に目覚めさせてくれる善が、種が自己の内に宿っていたのだと受け止めたのが宿善なのです。

蓮如上人のお弟子がまとめたものですけれども、『山科連署記』の中に、「心中のものをありのままに言わざるものは、まことに無宿善なり」ということばがあります。心中をさらけ出さないというのは、構えているということで、そこには仏法を聞く、学ぶ心がない。相手をやり込めるために聞くとか、そういうものがあるのでしょう。

　ですからほんとうに聞くという心をもって学んだときに、はじめて他力摂取を実感することができるのでしょう。聞くという心をもって、そして自己を超えたものとの出遇いがあったときに、他力のはたらき、他力の摂取を実感していくのだろうと思うのです。そういう学びの姿勢といいますか、あるいはそういう形の聞法ということに立っていないと、ほんとうにお聖教を学んだとは言えないのです。

『蓮如上人御一代記聞書』の九五条にこういう一節があります。

蓮如上人、仰せられ候う。「聖教よみの聖教よまずあり。聖教よまずの聖教よみあり。一文字もしらぬとも、人に聖教をよませ、聴聞させて、信をとらするは、聖教よまずの聖教よみなり。聖教をばよめども、真実によみもせず、法義もなきは、聖教よみの聖教よまずなり」と、仰せられ候う。

「自信教人信」の道理なりと仰せられ候う事。

聖教よみというのは、その法に出会っていくことなのです。単に頭で知的によく知っているから、お聖教を読んだということではないのです。お聖教を読むことを通して、法に出会っていく。それがほんとうの聖教よみなのでしょう。そういう読み方というのも、やはり宿善なのでしょう。仏法を学ぶ心がないと、どうしても知的に読んでしまう。あるいは知識として、身を飾る道具にしてしまう。

また宿善あつき心というのは、いつも新鮮に法を聞くことのできる心です。「御文」に、善導大師のおことばが引いてあります。

過去にすでにかつてこの法を修習し、いま重ねて聞くことを得て、すなわち歓喜を生ず。

『蓮如上人御一代記聞書』の中では、蓮如上人はこんなふうにおっしゃっています。

ひとつことを聞きて、いつも、めずらしく、初めたる様に、信のうえには、有るべきなり。ただ、珍しき事を聴き度く思うなり。一事を、幾度聴聞申すとも、めずらしく、はじめたるようにあるべきなり。

宿善あつき心を持っていますと、善導大師のことばのように、重ねて聞くことであっても新鮮に喜べてくるのです。学ぶ心を持って聞いていけば、すべてが「いつも、めずらしく、初めたる様に」思えてくるわけなのです。

ですから宿善があれば、いつも大きな感動と珍しさを与えてくれる。そういう私たちの仏法を学ぶあり方といいますか、学びの態度、姿勢というものを、ここで蓮如上人が教えてくださっているような気がいたします。

「無宿善の機には左右なくこれを許すべからざるものなり」ということは、逆に宿善あつき思いでみんな読んでくださいよという、そういうことだろうと思います。この一通から、そんなところを私は学ばせていただいたようなことでございます。

八　信心歓喜の世界―四帖目第四通

それ、秋もさり春もさりて、年月をおくること、昨日もすぎ今日もすぐ。いつのまにかは年老のつもるらんともおぼえず、しらざりき。しかるにそのうちには、さりとも、あるいは花鳥風月のあそびにもまじわりつらん。また歓楽苦痛の悲喜にもあいはんべりつらんなれども、いまにそれともおもいいだすこととては、ひとつもなし。ただいたずらにあかし、いたずらにくらして、老いのしらがとなりはてぬる身のありさまこそかなしけれ。されども今日までは無常のはげしきかぜにもさそわれずして、わが身ありがおの体を、つらつら案ずるに、ただゆめのごとし、まぼろしのごとし。いまにおいては、生死出離の一道ならでは、ねがうべきかたとてはひとつもなく、またふたつもなし。これによりて、ここに未来悪世のわれらごときの衆生を、たやすくたすけたまう阿弥陀如来の本願のましますときけば、まことにたのもしく、ありがたくもおもいはんべるなり。この本願を、ただ一念無疑に、至心帰命したてまつれば、わずらいもなく、そのとき臨終せば往生治定すべし。もしそのいのちのびなば、一期のあいだは仏恩報謝のために念仏して、畢命を期とすべし。これすなわち平生業成のこころなるべしと、たしかに聴聞せしむるあいだ、その決定の信心のとおり、いまに耳のそこに退転せしむることなし。ありがたしというもなおおろかなるものなり。されば、弥陀如来他力本願のとうとさ、ありがたさのあまり、かくのごとくくちにうかむにまかせて、このこころを詠歌にいわく、

ひとたびも　ほとけをたのむ　こころこそ　まことののりに　かなうみちなれ

つみふかく　如来をたのむ　身になれば　のりのちからに　西へこそゆけ

法をきく　みちにこころの　さだまれば　南無阿弥陀仏と　となえこそすれ

と、わが身ながらも本願の一法の殊勝なるあまり、かくもうしはんべりぬ。この三首の歌のこころは、はじめは、一念帰命の信心決定のすがたをよみはんべりぬ。のちの歌は入正定聚の益、必至滅度のこころをよみはんべりぬ。つぎのこころは、慶喜金剛の信心のうえには、知恩報徳のこころをよみはんべりしなり。

無常の世

今回は四帖目第四通を取り上げました。この「御文」には和歌が三首出てきますので、

「三首御詠歌の御文」といわれています。本文の最初を見てみますと、

それ、秋もさり春もさりて、年月をおくること、昨日もすぎ今日もすぐ。いつのまにかは年老のつもるらんともおぼえず、しらざりき。しかるにそのうちには、さりとも、あるいは花鳥風月のあそびにもまじわりつらん。また歓楽苦痛の悲喜にもあいはんべりつらんなれども、いまにそれともおもいいだすこととては、ひとつもなし。ただいたずらにあかし、いたずらにくらして、老いのしらがとなりはてぬる身のありさまこそかなしけれ。

このように、無常ということが強調されております。しかしその無常ということは、無常であるがゆえに、もう世をあきらめるという、そういう無常ではないのです。蓮如上人の場合は、無常なるがゆえに、その現実を積極的に生きていくという、仏教本来の立場になるわけです。

続いて蓮如上人は、

されども今日までは無常のはげしきかぜにもさそわれずして、わが身ありがおの体を、つらつら案ずるに、ただゆめのごとし、まぼろしのごとし。いまにおいては、生死出離の一道ならでは、ねがうべきかたとてはひとつもなく、またふたつもなし。これに

よりて、ここに未来悪世のわれらごときの衆生を、たやすくたすけたまう阿弥陀如来の本願のましますときけば、まことにたのもしく、ありがたくもおもいはんべるなり。

このようにいわれています。無常なるがゆえに、早く仏法に出会っていく、本願に出会っていくという、そういう言い方なのです。現実を積極的に引き受けていく。無常なるがゆえに、仏法に目覚めて今を生きる、つまり平生業成の営みをせよということなのです。

そして、その今とは時空の一点の今ではなく、いつも今であり、永遠に今なのです。臨終の一念に至るまで、今の連続なのです。したがって、今の念仏が「いのちのびなば」おのずと多念となり、一期の間報恩の念仏をせよと説かれています。

まことののりに、かなうみち

この「御文」は歌が中心なのですが、最初の歌は、

ひとたびも　ほとけをたのむ　こころこそ　まことののりに　かなうみちなれ

とあります。この歌の心を蓮如上人自身が「一念帰命の信心決定のすがたをよみはんべりぬ」といわれています。また講録を見ますと、『正信偈』の「憶念弥陀仏本願（弥陀仏の本願を憶念すれば）」の文を念頭に置いて作られた歌であるとされています。

われわれは自分の命を自分の力で生きているると思っているのではないでしょうか。しかし考えてみると、誕生も自分の思いでしてきたわけではありません。自由に誕生を選んできたわけではないのです。父があり、母があり、連綿と続く御縁の連続によって、私というのは存在している。そしてまた、死も思いを超えたものです。これまでの営みだっておいに考えてみれば、思いがけないことの連続でしょう。われわれは、自己を超えた大きなものに生かされ、支えられているのです。その大きなものを本願というのです。本願を親鸞聖人は自然とおっしゃっています。よしあしを離れた世界、あるがままに身をゆだねた世界が自然なのです。

現在、世界では、いのちということがいろいろな分野で問われております。環境においても医療においても、いのちが問われています。これまでは人権ということを一つの基準にして、いのちが考えられてきたのですが、実は末期医療とか習俗との絡み、あるいは効率の絡みの中で、末通った論理とはなってこないのです。そういう中で、ではそれに代わる普遍的な立場があるのかと考えたときに、西洋の思想の中からは出てこないということが明らかになってきたのです。人間を万物の霊長と考える西洋の思想では、いのちの問題は解決できません。そうしたときに、東洋思想の中心である自然という考え方が、一つのキーワードになってくるのではないかと思っております。生命倫理の問題でも、それが自然の摂理を逸脱しているかいないかということで判断するというのが必要だと思うのです。

自らの老いとか病とか死とか、それから人生の終末におけるあり方でも、自然というのがいちばん落ち着く世界なのです。いつも言いますように、上手に死のうと思っても死ねないですし、ぽっくり死のうと思っても、ぽっくり死ねないのです。そのよしあしを離れたときに、痛いときは痛いと言い、苦しいときは苦しいと言い、どんな死に方をしてもよしと腹が据わったときに、逆に落ち着けるのです。あるがまま、自然というところに立ったときに、もっとも落ち着ける世界が開けるのです。

現代の社会では、価値観が混乱してきております。だからこそ、そこに末通った考え方としての自然をはっきりとさせなくてはいけないと思います。自然というのは、阿弥陀仏の本願の世界なのです。そういう思想は、西洋の思想から非常に新しい視点として注目されているのです。

自然に身をゆだねる、あるいは自然の中に生かされるというのが親鸞聖人の教えです。

それを蓮如上人が、

ひとたびも　ほとけをたのむ　こころこそ　まことののりに　かなうみちなれ

と詠われたのです。

「たのむ」というのは阿弥陀仏をたのむのです。阿弥陀仏に帰依するというのは、よしあしを離れた世界に生きることです。それは無為自然の世界です。そこへ身をゆだねるのですから、その心こそ「まことののりに、かなうみちなれ」といわれるのです。まことののり、普遍の法にかなうみちなのですから、無理がないということです。それを『正信偈』のことばでいえば、阿弥陀仏の本願を憶念すればということになるのです。

西へこそゆけ

次の歌は、

つみふかく　如来をたのむ　身になれば　のりのちからに　西へこそゆけ

とあります。この歌の心を、蓮如上人は、「入正定聚の益、必至滅度のこころをよみはんべりぬ」と言っておられます。これを講録では『正信偈』の「自然即時入必定（自然に即のとき、必定に入る）」のお心を詠われたものだといわれています。煩悩熾盛の凡夫であるという自覚に立って如来をたのむ、絶対無限の妙用に乗托すれば、浄土往生の白道を歩む身になるという意味です。

ここに「つみふかく」とありますが、この心はもちろん罪悪深重、煩悩熾盛を自覚する機の深信です。もちろんそれは愚という自覚です。この愚という自覚は、これは法に出会ったがゆえに、愚という自覚があるわけです。そしてこの自覚は、如来に出会っているがゆえに、「つみふかく」という自覚が出てくるわけなのです。月の光が鮮やかであればあるほど、松の影はくっきりと映る。また松の影がくっきり映るということは、それだけ月の光が鮮やかだということでもあるわけです。ですから愚の自覚が確かであればあるだけ、本願のはたらきによってかならず滅度に至るという自覚が確かになるのです。

三首目が、

法をきく　みちにこころの　さだまれば　南無阿弥陀仏と　となえこそすれ

この歌の心は、「慶喜金剛の信心のうえには、知恩報徳の心をよみはんべりしなり」と蓮如上人がいっておられます。これは『正信偈』の「唯能常称如来号、応報大悲弘誓恩（ただよく常に如来の号を称して、大悲弘誓の恩を報ずべし）」のおことばの心を詠われたものだといわれています。

ここで親鸞聖人の教えをあらためて確かめてみたいと思います。往生とか成仏とか、あるいは現生に正定聚に住するということについて、親鸞聖人の書き残されたものを見ますと、ある意味では曖昧といってもいいぐらい、いろいろな表現が出てまいります。

親鸞聖人の基本的な立場というのは、信心の獲得によって現生に正定聚に住し、臨終一念の夕べ、大般涅槃を超証するというものです。したがって臨終即成仏です。生きているとき、仏になったらおかしいです。仏というのは目覚めた人、煩悩もない人ですから、臨終まで煩悩がある凡夫は、けっして仏にはなれません。ですから臨終即成仏です。その点、臨終の後に正定聚不退に住し、その後に蓮華化生して成仏するという平安浄土教や西山、鎮西の立場とは大きく違います。

ところで親鸞聖人の場合、往生をどの時点と見るかということで、いろいろな表現があるのです。一つは、往生を臨終と見る見方です。『末燈鈔』一三に、

浄土へ往生するまでは、不退のくらいにておわしまし候えば、正定聚のくらいとなづけておわします事にて候うなり。

とあります。「浄土へ往生するまでは、不退のくらいにておわしまし候えば」とありますから、ここでは往生というのを臨終と見ておられるのです。往生以前の現実を不退の位と見ておられるわけです。

ところが、これとはすこし違う表現があるのです。それは、信心獲得を往生と見ておら

れるものです。

正定聚の位につきさだまるを往生をうとはのたまえるなり。信心をうればすなわち往生すという。すなわち往生すというは、不退転に住するをいう。不退転に住すというは、すなわち正定聚の位に定まるとのたまうみのりなり。

信心の定まるとき、往生また定まるなり。またすでに往生を得たる人も、すなわち正定聚に入るなり。

このようにありまして、ここでは信心を得たときが往生であるとされているのです。前の文では、臨終を往生としているのですが、ここでは現生に往生をみておられます。

親鸞聖人の往生観

では親鸞聖人は、なぜこのように両方に受け止められるような表現をしておられるのでしょう。なぜ往生ということを両方に受け止められるような表現をされたのかということを考えてみましょう。

『末燈鈔』三に次のようなことばがあります。

浄土の真実信心の人は、この身こそあさましき不浄造悪の身なれども、心はすでに如来とひとしければ、如来と申すこともあるべしとしらせ給え。弥勒すでに無上覚にその心さだまりて、あかつきにならせ給うによりて、三会のあかつきと申すなり。浄土真実の人もこのこころをこころうべきなり。光明寺の和尚の『般舟讃』には、「信心の人はその心すでに浄土に居す」と釈し給えり。居すというは、浄土に、信心の人のこころ、つねにいたりというこころなり。これは弥勒とおなじくということを申すなり。これは等正覚を弥勒とおなじと申すによりて、信心の人は如来とひとしと申すこころなり。

親鸞聖人は、この『末燈鈔』では、不浄造悪の身なれども、心は「浄土に居す」とおっしゃっているのです。また同様のことが「帖外和讃」にも、

超世悲願をききしより　われら生死の凡夫かは
有漏穢心はかわらねど　こころは浄土にあそぶなり

と説かれています。有漏の穢心を持ち、煩悩を抱えた身を生きているのですけれども、「こころは浄土にあそぶ」と詠われているのです。

親鸞聖人は、このことを善導大師の『般舟讃』を根拠にして述べておられるのですが、

実はこの『般舟讃』というのは建保五年（一二一七）親鸞聖人が四十五歳のときに仁和寺から発見され、最初に刊行されたのは貞永元年（一二三二）親鸞聖人六十歳のときなのです。ですから親鸞聖人が見たお聖教の中ではおそらくいちばん新しい聖教だと思います。それが『教行信証』の中に引かれているということは、京都に帰ってきてから『教行信証』に手を加えられたということです。関東から京都へ帰ってこられてから目にされた書だと思います。それが『教行信証』の中に引かれているということは、京都に帰ってきてから『教行信証』に手を加えられたということです。

つまり、晩年思索を深める中で、『般舟讃』からの示唆を受けて、信心の人はその心がすでに浄土に居ると理解されていったと考えられるのではないでしょうか。

往生について、親鸞聖人は、臨終に浄土に往生するという考え方と、信心を得たときが往生のときであるとする二つの考え方を示しておられました。ところが、晩年になると、いま見ましたように、「信心の人はその心すでにつねに浄土に居す」というように、浄土往生について、それまでとは若干趣旨を異にする説明をされるようになったのです。

心すでに浄土に居す

「その心すでにつねに浄土に居す」というのは、心がすでに浄土に往生しているということでしょう。身は不浄造悪なのですけれども、信心いただいたら、心はつねに浄土にいる、つまり往生しているといわれるのです。そしてさらに、

これは弥勒とおなじくということを申すなり。これは等正覚を弥勒とおなじと申すによりて、信心の人は如来とひとしと申すこころなり。

ともいわれています。

弥勒というのは、これは菩薩で、仏ではないのです。弥勒菩薩は、五十六億七千万年後に龍華樹の木の下で三回会座をもって、仏になるということが約束されている菩薩です。それと同様に、信心いただいた人は、かならず未来に仏になると約束されているから、信心いただいた人は弥勒と同じだと親鸞聖人はおっしゃっているのです。

ところが信心の人が仏と同じとはおっしゃらないのです。諸仏とは等しいとおっしゃっています。等しいと同じは違うのです。等しいというのは、1＋1＝2というように、これが等しいということです。そして、2＝2というのが同じという関係です。弥勒菩薩と、信心いただいた人は、まだ共に不浄煩悩を抱えていますから、同じなのです。ほんとうは仏とは同じではないのです。けれども、かならず仏になるから、もう仏に等しい、こういっておられるわけなのです。

弥勒は菩薩ですけれども、かならず仏になるから、「弥勒仏」と俗に言うこともある。ほんとうは仏ではないのだけれども、弥勒仏ということもあるというのです。それと同じように、信心の人の心がすでに浄土に居すということは、その人が往生したに等しいといわれるのです。親鸞聖人がここで往生といわれるのは、「往生に等しい」ということです。仏に等しいというのと同じように、心が浄土にあるということが往生に等しいから、往生といわれているのです。しかし、それはどこまでも等しいのであって、浄土に生まれるのは臨終の一念です。「往生」については、多くの学者がさまざまな受け止め方をしていますが、私なりにこのような受け止め方をしています。

信心を得たときは、往生に等しく、臨終は往生に同じ。つまり往生そのものなのです。信心獲得は往生に等しい。それゆえに弥勒を弥勒仏と呼びならわすのと同じように、親鸞聖人はそれを往生とも言われたのです。「正定聚の位につきさだまるを往生を得とはのたまえり」とか、「信心を得れば、すなわち往生す」という言い方も、そのような立場で言われていると考えられるのではないでしょうか。

人は信心を獲得し、現生正定聚に住して、生死の苦悩を超えても、なお臨終の一念まで生死の中に生きているのです。穢心を持ちつつ、生死の中にいるかぎり、凡夫であり、仏ではないし、この世は穢土であって、浄土ではありません。けっして娑婆が浄土になるようなことはない。しかし信心を得たことによって、すでに心は浄土に遊んでいるのであり、心はすでにつねに浄土にあるのですから、浄土がその信心の人に来現しているといってもいいのでしょう。つまり、信心の人は韋提希のごとく、浄土を見土しているのです。したがって、その人にとっては、浄土はここを去ること遠からずであり、現前に浄土が開けてきているのですから、往生に等しいのです。

しかしそれはどこまでも主体的立場における事柄であって、けっして客観的、実体的に受け止められるものではありません。このような立場は、従来の浄土教の善根功徳を積んで、死後に不退転の位に住し、そののちの未来に浄土往生するという立場とは大きく異なって、どこまでも信心獲得による他力の目覚めによるものです。信心の人に対して、現生に仏のほうから、はたらきかけがあるのですが、それについて『尊号真像銘文』には、

ひごろかの心光に摂護せられまいらせたるゆえに、金剛心をえたる人は正定聚に住するゆえに、臨終のときにあらず。かねて尋常のときよりつねに摂護してすてたまわざれば、摂得往生ともうすなり。

と示されています。「正定聚の位につきさだまるを往生を得とはのたまえるなり」といわ

れるのは、このような阿弥陀仏のはたらきを身に感じ、心光に摂護されていることの確かさを実感するところから言われているのだと思います。

南無阿弥陀仏のこころ

もう一度この和歌のところに戻ってみたいと思います。

ひとたびも　ほとけをたのむ　こころこそ　まことののりに　かなうみちなれ
つみふかく　如来をたのむ　身になれば　のりのちからに　西へこそゆけ
法をきく　みちにこころの　さだまれば　南無阿弥陀仏と　となえこそすれ

第一首目は一念帰命、第二首目は入正定聚、第三首目は知恩報徳の心を詠われたものだといわれています。ところで私は、この三首の和歌を見たときに、第一首目は帰命あるいは帰依、そして第二首目は懺悔、第三首目は嘆仏、こういうふうにとることもできるのではないかなと思いました。帰命、懺悔、嘆仏。親鸞聖人は『尊号真像銘文』の中で善導大師の文を解釈されて、次のようにおっしゃっているのです。

「称仏六字」というは、南無阿弥陀仏の六字をとなうるとなり。「即嘆仏」というは、すなわち南無阿弥陀仏をとなうるは、仏をほめたてまつるになるとなり。また「即懺悔」というは、南無阿弥陀仏をとなうるはすなわち無始よりこのかたの罪業を懺悔するになるともうすなり。

懺悔というのは機の深信、嘆仏というのは法の深信、知恩報徳です。この親鸞聖人の解釈によるならば、いまのこの和歌の第二首目というのは、法に照らされて自己を懺悔するものです。それから第三首目というのが、念仏申して仏を仏徳讃嘆しているわけです。

だから六字名号、南無阿弥陀仏のこころをその三首の和歌を通して明らかにしておられるというふうにとることもできるのではないかと思います。

この「御文」では、三首の和歌を通して南無阿弥陀仏の心をお示しになり、そしてそれは『正信偈』の心だというふうに先学は受け止めていらっしゃるわけです。和歌をもって仏法を讃嘆するということは、中世においては、親鸞聖人の御和讃もそうでございますし、あるいは一遍上人の和讃もそうですが、よくあることだったのです。やはりこの和歌というのが日本人の心にぴたっと響いてくるものだったからだと思います。そういう意味では、和歌とか詩によって信仰の世界を語るというのは、非常に効果的であり、またそれを読むものに非常に訴えるものがあるのではないかなということを思います。

九　病気を喜ぶ念仏者――四帖目第十三通

それ秋さり春さり、すでに当年は明応第七、孟夏仲旬ごろになりぬれば、予が年齢つもりて八十四歳ぞかし。しかるに当年にかぎりて、ことのほか病気におかさるるあいだ、耳目・手足・身体こころやすからざるあいだ、これしかしながら業病のいたりなり。または往生極楽の先相なりと覚悟せしむるところなり。これによりて法然聖人の御詞にいわく「浄土をねがう行人は、病患をえて、ひとえにこれをたのしむ」（伝通記糅鈔）とこそおおせられたり。しかれども、あながちに病患をよろこぶこころ、さらにもって、おこらず。あさましき身なり。はずべし、かなしむべきものか。さりながら予が安心の一途、一念発起平生業成の宗旨においては、いま一定のあいだ、仏恩報尽の称名は、行住座臥にわすれざること間断なし。これについて、ここに愚老一身の述懐これあり。そのいわれは、われら居住の在所在所の、門下のともがらにおいては、おおよそ心中をみおよぶに、とりつめて信心決定のすがたこれなしとおもいはんべり。おおきになげきおもうところなり。そのゆえは、愚老すでに八旬のよわいすぐるまで存命せしむるしるしには、信心決定の行者繁昌ありてこそ、いのちながきしるしともおもいはんべるべきに、さらにしかとも決定せしむるすがたこれなしとみおよべり。そのいわれをいかんというに、そもそも、人間界の老少不定のことをおもうにつけても、いかなるやまいをうけてか死せんや。かかる世のなかの風情なれば、いかにも一日も片時も、いそぎて信心決定して、今度の往生極楽を一定して、そののち、人間のありさまにまかせて世をすごすべきこと肝要なりと、みなみなこころうべし。このおもむきを心中におもいいれて、一念に弥陀をたのむこころを、ふかくおこすべきものなり。あなかしこ、あなかしこ。

明応七年初夏仲旬第一日八十四歳老納書之

弥陀の名を　きくうることの　あるならば　南無阿弥陀仏と　たのめみなひと

病患の御文

今回は四帖目第十三通です。いわゆる「病患《びょうげん》の御文」という呼び名がつけられております。末尾に「明応七年初夏仲旬第一日八十四歳老納書之」とありますが、明応七年（一四九八）は、蓮如上人がお亡くなりになります前の年です。蓮如上人は明応八年（一四九九九）に八十五歳でお隠れになっております。蓮如上人はたいへん健康なかたで、それまであまり病気になられたことがなかったようで、ようやくこの「御文」でそういったことが表立って出てくるわけです。とにかく、明応七年には、よく病気をされたようです。

すでに当年は明応第七、孟夏仲旬ごろになりぬれば、予が年齢つもりて八十四歳ぞかし。しかるに当年にかぎりて、ことのほか病気におかさるるあいだ、耳目・手足・身体こころやすからざるあいだ、これしかしながら業病のいたりなり。または往生極楽の先相なりと覚悟せしむるところなり。

とありますように、それまでは健康であったけれども、ことしに限ってことのほか病気に冒されると言われています。

『空善聞書』一〇六に、

同七年の夏より、また御違例にて御座候間、五月七日に御いとまこひに聖人へ御まいりあり度と仰られて、御上洛にて、

とあり、四月ごろから病気になって、五月には山科へ暇乞《いとまご》いに上洛されたと言われていますから、明応七年に病気になられたのは、どうやらほんとうのことのようです。

また、同じ『空善聞書』の一一七には、

四月初比より去年のごとく、また御違例にて慶道御薬師にまいり候。十七日にはなからゐ参候。十九日には板坂参候。きこしめし候物はおもゆはかり也。

とあり、かわるがわる医者が来ている様子が伝えられています。また続く『空善聞書』の一一八には、

五月廿五日、御堂へ御まいりあり。同廿八日にはかたくみな〳〵御申候間、朝には御出なし。御日中には御参ありて御式を一段あそばされて、つきより御坊様あそばされけり。五月七日より六月一日まで六日御参なし。

とありまして、お勤めにも出仕できない様子が伝えられています。

このように、重い病気になられた蓮如上人が、

当年にかぎりて、ことのほか病気におかさるるあいだ、耳目・手足・身体こころやすからざるあいだ、これしかしながら業病のいたりなり。または往生極楽の先相なりと覚悟せしむるところなり。

と、いよいよ自分も死を迎えるのかと書いておられるのです。

ここに「業病のいたりなり」とありますが、業病の業という字は、宿業の業という字で、これは行ないという意味です。身口意の三業です。この場合、体の行ないのありようによ

って病になっていくのです。病というのは自分の思いどおりにならないものです。命とか、疾病というのは、不如意であって思いどおりにならない。私たちは、思いを超えた大きなはたらきの中に生かされ、支えられているわけです。身体もやはり思いを超えた大きなはたらきの中のものなのです。自分の命ではないわけですから。そういう意味でいうならば、病も、やはりまたその自分のさまざまな行為によって起こされてくるところのもの、いただいたものといってもいいと思うのです。業病ということばの中には、そういう響きがあります。けっして悪いことしたからたたって病気になるとか、不都合なことをしたからどうだということではないのです。

次に、「法然聖人の御詞にいわく」として、「浄土をねがう行人は、病患をえて、ひとえにこれをたのしむ」という歌が引かれています。これは浄土宗の聖冏《しょうげい》という人が書いた『伝通記糅鈔』(巻四十三)に出てくる法然上人の歌です。その中には、次のように書かれています。

高祖上人のいわく、暁天を待つ商客は、鶏鳴に驚いてなお喜ぶ。浄土を欣ふ行人は、病患を得て、偏に楽しむ。

法然上人が建暦二年(一二一二)、病気のときに枕元の屏風へこの詩を御自分でお書きになったというのです。

たしかに法然上人は「病患を楽しむ」とおっしゃいました。しかし、蓮如上人は続いて、「あながちに病患をよろこぶこころ、さらにもって、おこらず。あさましき身なり。はずべし、かなしむべきものか」と言われているのです。

法然上人は病気を喜ばれたのだけれども、蓮如上人はそれをほんとうに喜ぶことができない。あさましきことである、はずかしきことであると、わが身を恥じていらっしゃるわけなのです。そこで、「病患を得て、ひとえに楽しむ」と法然上人が言われる、病を楽しむとはどういうことなのかということをお話ししていきたいと思います。

病のままに引き受ける

楽しむということは、苦にならないということです。病が苦にならない。つまり病を病のままに引き受けられるということです。

われわれは仏教と聞きますと、仏さまにお願いして病気を治してもらうものだと思っているのではないでしょうか。お寺にお参りして、中風を治してもらう。あるいはお薬師さんへお参りして、病気を治してもらう。そういうものが仏教であるというふうに思っておられる人が多いのではないでしょうか。たしかにそういうふうなことを教化、伝道している仏教もあります。しかし、親鸞聖人の立場、あるいはいま蓮如上人が言おうとされる立場は、そういう宗教ではないのです。

病気が治りますように、ナンマンダブツ。中風が治りますように、ナンマンダブツ。このように仏さまにお願いをするという心の底には、病はマイナス、健康はプラスという価値観があるのではないでしょうか。老いはマイナス、若いのはプラス。死はマイナス、生はプラスという価値観です。こういう価値観を持っているからこそ、仏さんを利用して奇跡が起こりますようにとお願いすることになるのでしょう。こちらをそのままにしておいて、奇跡を起こして、健康になりますように、若くなりますように、死にませんようにと、こうお祈りすることになるわけです。

それは、考えてみたら、仏さんを拝んでいるのとは違うのです。自分の欲望を拝んでいるだけです。だから奇跡をひき起こして、健康にしてほしいとか、若返らせてほしいとか、死なない体にしてほしいと祈ることになるわけです。

ところが病になる、老いていく、死んでいくということは、人間の力では止めようがないのです。それが、私たちのあり方の事実そのものなのです。ところが、死はマイナス、生はプラスという価値観を持つかぎり、死は敗北になります。老いも敗北になります。病も敗北になります。こういう価値観を持つかぎり、敗北のうちにみんな病になって、老いて、死んでいかなければならないのです。死なない人はいない、老いていかない人はいないわけですから、つねに敗北しなければならない。それが生老病死の苦しみの原因なのです。敗北のうちに死んでいかなければならないから、死が苦しみになるのです。

ですから仏教の救済というのは、生はプラス、死はマイナスという価値観を翻していくという方向の救済なのです。病気も死も人生のありのままの一こまにすぎないのです。生もあれば、死もあるのが人生です。そこにはプラスもマイナスもないのです。老いはマイナスだと思っているわれわれの思いが、老いを苦しみにしていっているわけでしょう。だからその価値観を離れて、事実を事実としてありのままに受け止めていくことによって救われるのです。美しく老いていこうと思えば思うほど、苦しみになるのです。思いどおりにならないものを思いどおりにしようとするからです。

病もいっしょです。健康がプラスで、病はマイナス、こういうのですけれども、完全無欠に健康な人なんて、だれもいません。生身の体なのですから、みんなどこか悪いところを持っています。人間は、病んであたりまえなのです。

人間の価値観を破る

ところがわれわれは、プラス、マイナス、この善し悪しの物差し、価値観を持っているから、人生を苦と感じることになるのです。しかし、その善し悪しの価値観というのは、所詮われわれにとっての都合の世界でしかないのです。若いのがよくて、老いていくのはだめだとか、健康がよくて、病気はだめとか、自分の都合で決めているだけの話です。

だからその価値観自体も揺らぐのです。現在安楽死とか尊厳死が話題にされるようになっていますが、痛い思いをして延命するぐらいなら早く死にたいという考え方も出てきたということです。生はプラス、死はマイナスという価値観からすれば、延命こそすべてだということになるはずです。ところが、痛い目をして延命するぐらいなら、早く死なせてくれたほうがいいというのですから、生はプラス、死はマイナスという価値観が揺らいできたということです。しかし、どちらも自分の勝手な都合で言っているだけのことですから、やはり救われるはずがないのです。

このように、相対的な善し悪しの物差し、それが実はわれわれの苦しみの原因なのです。この善し悪しの物差しというのは、実にたよりないものなのです。日本でよくても、アメリカへ行ったら悪いことだってあるのです。たとえばわれわれが御飯を食べるとき、立て膝して食べたら、行儀が悪いと叱られるでしょう。ところが、韓国へ行けば、チョゴリの下でみんな立て膝して食べています。それが正しい行儀なのです。このように文化が違えば、価値観も違うのです。場所が違い、時代が違えば当然価値観も変わってきます。

生命倫理などの問題でもそうなのです。何がよくて、何が悪いかわからないような状態です。たとえば日本尊厳死協会というところがありますが、ちょっと前までは癌の末期になって痛い思いをするのは嫌だから、早く死なせてほしいということで、尊厳死を考えていたのです。ところがいまは違うのです。いまいちばん多いのは何かといえば、痴呆症なのです。痴呆症になったら、尊厳死にしてくださいという人がいちばん多いのです。このように、だんだん価値観が変わってくるわけなのです。

臓器移植の問題でも、いまは脳死状態でも移植してはどうかと言っています。ところが、さらにエスカレートして植物状態でも回復不可能だったら、移植に使ってもいいのではないかという考え方も出てきています。このように、価値観というのは、どんどん崩れていくわけです。相対的であるかぎり、何がよくて、何が悪いというようなことは、なかなか言えないのです。道徳というのも、人がつくったものですから相対的な世界です。だから日本のモラルと、シンガポールのモラルとは違うでしょう。中国のモラルと西洋のモラルも違います。それは相対的なものですから、どこまでいっても、相入れないものです。

ところが仏教というのは、相対的な価値観に根拠を置くのではなく、変わらない何かに照らされて生きていこうという世界なのです。その変わらないものを法と言っているわけです。その変わらないものは何かといえば、親鸞聖人は自然だと言っているのです。だから自然に照らして、考えるべきだと言われるのです。

たとえば、このごろヒトブタをつくるということが話題になっています。臓器移植のための臓器が足りなくなってきたものですから、何を考えたかというと、ブタの臓器を移植しようと考えたのです。ところがブタの臓器を直接移植すると、拒絶反応があるものだから、人間の遺伝子をブタに組み込んで、人間と同じ血液型を持ったブタをつくるのです。そして、そのブタの臓器を移植すると拒絶反応が少なくなるのだそうです。しかし、そんなものつくったら、やはりおかしいでしょう。ネコより大きいネズミをつくったら、やはりおかしいですよ。ネズミというのは、やはりネコより小さいというのが自然のことわり、自然の道理でしょう。ですから、自然の道理に照らして、それがよいか悪いかを考えていかなければいけないのです。その自然の法に照らして、善し悪しを考えたら、自分という存在は悪でしかないのです。私は悪でしかないのです。

ところが、相対的な倫理とか道徳に照らして考えると、私は善になってしまうのです。だいたい道徳というのは、相手を裁くために使うものでしょう。道徳といったら、私はちゃんとやっているから、あなたも守るべきだとか、あの人はどうも道徳にもとるというように、自分を見るのではなくて、相手を裁くために使ってしまう。そうすると、私は善になってしまうのです。悪とはなかなか言えないのです。

だから、さっきのヒトブタの話でも、自然というところに立って考えるべきだろうと思います。自然というのは、ありのままなのです。病気が悪くて健康がよいというのは、われわれの相対的な世界の価値観です。そんなところで善し悪し決めていても、ぐるぐる回っていくだけの話です。事実はありのままなのです。若いときもあれば、老いていくときもあるのです。誕生の瞬間から老いが始まっているのです。それが自然なのです。自然に照らしたら、人間の考えた道徳や価値観というのは、おおそらごとなのです。何がよくて、何が悪いのか、わからないのです。ですから、自然の道理から見たら、健康がよくて、病気がだめだとか、若いのがよくて、老いていくのはだめだというのは、勝手な物差しでしかない、おおそらごとなのです。

自然の道理に出遇う

「行者のよからんともあしからんともおもわぬを自然」というのです。だからわれわれの善し悪しの思い、分別を超えた世界が自然の世界なのです。その自然に照らしたら、そういうところでうろうろしている私は、愚かなのです。そういう自然に照らしたら、私は極重悪人だったのです。だから自分のことを悪とか愚かという人は、真実の法に出会っている人なのです。よいとか悪いとかと言っている人は真実の法に気づいていないわけです。

親鸞聖人は、愚禿と名告っていらっしゃるでしょう。あれは法に出会ったから、愚禿と名告っているのです。法に照らして、自らが愚か者だったと気づかれたのです。法然上人もそうなのです。愚痴の法然房と言われています。良寛さんだってそうです。大愚良寛と言われています。このように愚と名告った人は、まさに法に出会っているのです。

人間は、自然の道理、ありのままに出会ったときに、それまで自分が持っていたよいとか悪いとかという価値観が破られてくるのです。病気が悪くて、健康がよいということはないのです。病気も健康も、両方とも自然の道理なのです。そういう自然のことわりに気がついて、よいも悪いもなくなれば、何も苦にならなくなるのです。それが、あるがままの悠然たる世界です。

いまこの「御文」の中に「人間のありさまにまかせて世をすごすべきこと肝要なり」とあります。「人間のありさまにまかせて」というのは、つまり自然ということです。上手に死のうとか、美しく死のうとか、安らかに死のうという思いを離れるのです。いくら力んでも上手には死ねないのですから、痛いときには痛いと言い、苦しいときには苦しいと言う。そのように、人間のありさまに身をゆだねたとき、安らげる世界が開けるのです。安らかに死のう、安らかに死のうと思って、仏教を学んでもだめです。そうすると、安らかに死ぬのがよくて、安らかでないのはだめだというとらわれになって、仏教を利用していくことになります。つかもうつかもうとすると、よけい遠くへ行ってしまうのです。そのつかもうつかもうとする思い、物差しを離れたときに、結果的に安らげるのです。

だから、自然のことわりに身をゆだねたときに、苦が苦でなくなってくるのです。そして柔和忍辱の心が出てくるのです。『歎異抄』十六条に、

信心さだまりなば、往生は、弥陀に、はからわれまいらせてすることなれば、わがはからいなるべからず。わろからんにつけても、いよいよ願力をあおぎまいらせば、自然のことわりにて、柔和忍辱の心もいでくべし。

とありますように、願力をあおげば、自然のことわりにて、柔和忍辱の心が出てくるのです。

私たちは、もともと自然の、ありのままの世界にいるのだけれども、その中で善し悪しの物差しをつくって、それにとらわれて、自分で独り相撲を取って苦しんでいるだけなのです。自分で自分を苦しめている。だから物差しを離れて、ありのままに身をゆだねたら、それが苦でなくなるのです。逆にいえば、楽しみとなる。しかし、病が治ったわけではないのです。死なない体になったのではないのです。死にゆくままなのです。蓮如上人も、翌年亡くなっているのです。だから、宗教的な救済というのは、自分をそのままにして、自分に都合の悪い状況を奇跡でもってどうこうするというのではないのです。こちらが変わっていくことなのです。こちらがひっくり返されていくわけです。病気をなんとかするのではないのです。こちらがひっくり返ることによって、苦を苦と思わないような世界になっていくことなのです。

つまりこの善し悪しの殻の中にこもっているわれわれに対して、それがすべてではないよ、もっと広い世界があるのだよと、呼び覚ましてくれるものがあるわけなのです。あるいは呼び覚ましてくれる場があるのです。

病気を縁として

では、その呼び覚ましてくれる場はどこかといえば、それが誕生とか死とか病などとの出遇いの場なのです。誕生を見ていたら、ほんとうに不思議でしょう。われわれは思い計らいの中で、あれこれ考えています。だから命も所有化して、自分で自分の命だ、自分の人生だと思っています。ところが誕生の場を見たら、不思議でしょう。女性のかた、赤ちゃんをお産みになるときに、自分で造形して産んできたわけではないでしょう。あれは、まさに不思議です。思議を超えた世界です。思議を超えた世界を感ぜざるを得ないのです。

死だってそうです。思いもよらない死、思いを超えた死なのです。自分であれこれ、こうしよう、ああしようと思っても、すこしも役に立たないのです。そうすると、死というのもやはり人間の思いを超えた世界があるということを気づかせてくれる場です。

病だってそうでしょう。自分でいくら力んでも、こんなはずではなかったといっても、こんなはずでしかないのです。まさに誕生を見たとき、死を見たとき、病を見たとき、老いを感じたとき、そのときが、自己を超えた、思議を超えた世界があることに気づくときなのです。

そういう場において、それを気づかせてくれるものがあるのです。それがお念仏なのです。自己を超えたものがあるのだよという呼び声がお念仏なのです。殻の中に閉じこもっているわれわれに、広い世界があるのだよと呼びかけてくる声がお念仏なのですから。そのようにして、自己を超えた自然の世界に気がついたとき、ありのままにまかせて、痛いときは痛いと言い、苦しいときは苦しいと言い、どんな死に方をしてもよいという世界になるのです。ところで、「ありのままにまかせて」というと、では、何をしてもいいのかという人が出てきます。しかし、何をしてもいいというのは、「わがまま」であって「あるがまま」ではないのです。我の世界です。

しかし、いま蓮如上人が言われる「人間のありさまにまかせて」というのは、これは自然のまま、あるがままということですから、我がないのです。無我なのです。ところがわれわれは、あるがままというと、自分が何をしてもいいのだというふうにとってしまいます。ところが、不如意という、我が砕ける事実との出遇いがあると、痛いときは痛いと言い、苦しいときは苦しいと言い、自然に身をゆだねてあるがままとなるのです。この出遇いがないと、わがままになるわけなのです。

そのように、「病患をえて、ひとえにこれを楽しむ」という世界は、そういう世界なのです。状況を変えて、病が治って楽しんでいくというのではなくて、病のままなのですけれども、こちらの価値観が転ぜられることによって、その事実を事実として受け止めていけるような世界に生きることとなのです。苦しい事実をそのまま受け止めていける。それを苦と感知しないで、そのまま受け止めていけるような状況に変えられていくことが宗教的救済ということなのです。

そういうことは、病気だとか、誕生だとか、死とか、そういう場面において、われわれはより気づきやすいわけなのです。だから病になったことが逆にそれを気づかせてくれる場をいただいたことになるのです。そうすると病もまた楽しからずやです。そういう意味で「病患をえて、ひとえに楽しむ」と言われるのです。

永観律師は、「病は善知識なり」、こうおっしゃっています。蓮如上人は、見玉尼の往生の「御文」で、「このたび比丘尼見玉房の往生を善知識とおもいて」、こうおっしゃっているのです。やはり死を善知識だと言われます。このように、病というのが自己を超えた普遍の道理に出会う一つの場として受け止められているわけなのです。

ところがいくら病気になっても、この善し悪しの価値観からはなかなか抜け切れないのです。ですから、そうあっさりと病患をたのしむとはなかなか言えません。論理としてはいま私が申し上げてきたこと、みなさん、なるほどと思っていただけると思うのですが、生身の体で考えたら、やはり善し悪しが出てくるのです。だから蓮如上人はそこで言っているのです。「しかれども、あながちに病患をよろこぶこころ、さらにもって、おこらず。あさましき身なり。はずべし、かなしむべきものか」と。逆に、「病が楽しめます」「喜んで死んでいけます」と言ったら、「あやしくそうらいなまし」ということになるでしょう。私は病が喜べます、私は死に逝くことが喜びですといえば、うそっぽいです。

広い世界に目覚める信心

『歎異抄』の第九条にこういうことばがあります。

いささか所労のこともあれば、死なんずるやらんとこころぼそくおぼゆることも、煩悩の所為なり。久遠劫よりいままで流転せる苦悩の旧里はすてがたく、いまだうまれざる安養の浄土はこいしからずそうろうこと、まことに、よくよく煩悩の興盛にそうろうにこそ。

安養の浄土が恋しく思えてこないのです。それは「煩悩の興盛にそうろう」と言われているように、煩悩があるから、とらわれ心があるからなのです。ですから続いて、なごりおしくおもえども、娑婆の縁つきて、ちからなくしておわるときに、かの土へはまいるべきなり。いそぎまいりたきこころなきものを、ことにあわれみたまうなり。

これにつけてこそ、いよいよ大悲大願はたのもしく、往生は決定と存じそうらえ。

とあるように、そのようには思えないわれわれのために仏法があるのです。浄土へ行きたい、病が楽しいとは思えないわれわれだからこそ、仏法が必要なのです。そういう心がないわれわれのために、本願があるのです。

自分の思いを超えた広い世界を、私たちは求めているのだけれども、それが自分にはなかなかうなずけないし、そういう世界が得られない。だけどもそれを求めているわけなのです。臨終の一念にいたるまで、そういう緊張が続いていくのだろうと思います。そして、臨終の瞬間が、「散るときが浮かぶときなり蓮の花」という世界だと思うのです。だから自分の思いが破れたときに、自分を支えていた大きなはたらきの中にあったということに気づくのです。

健康がよくて、病はだめだという価値観にとらわれていたら、人生ちっとも楽しくないですよ。ところがそれがすべてではないよ、それを超えた世界があるよと呼びかけられて、自我を超えた世界があることに気づいたら、楽になるでしょう。世の中、金だ、金だといって、拝金主義でがんがんになっているよりも、いや、金がすべてではないよといえば、なにかほっとできますよね。そのように、それがすべてではないよということに出会ったら、楽になるのです。

そして一念に弥陀をたのむ心というのは、たのむというのは仰ぐということなのです。仰ぐということは、自己を超えた大きな世界、広い世界があるのだということに気づいていくことなのです。だから信心をいただくということは、そういう広い世界に目覚めていくことなのです。自我の狭い世界に閉じこもるのではなくて、自己の価値観を離れていく。それが信心を得るということであろうし、その学びとして念仏申すということであろうと思います。そしてそういうとらわれない世界が、「人間のありさまにまかせて世をすごすべきこと肝要なりと、みなみなこころうべし」と言われる世界だろうと思います。

ですからこの一段も蓮如上人は、病という、その無常なる事実を課題にすることによって、そのことにとらわれている我執の世界を離れていく。無常なるがゆえに、いつまでも健康ではないよ。病んでいく身なのだよ。無常なるがゆえに、逆に信心決定して、それを超えた世界に目覚めていってほしいという、そういうことを示されているのです。

十　末法の凡夫の救い――五帖目第一通

末代無智の、在家止住の男女たらんともがらは、こころをひとつにして、阿弥陀仏をふかくたのみまいらせて、さらに余のかたへこころをふらず、一心一向に、仏たすけたまえともうさん衆生をば、たとい罪業は深重なりとも、かならず弥陀如来はすくいましますべし。これすなわち第十八の念仏往生の誓願のこころなり。かくのごとく決定してのうえには、ねてもさめても、いのちのあらんかぎりは、称名念仏すべきものなり。あなかしこ、あなかしこ。

末代無智の御文

「五帖御文」の一帖目から四帖目までは、円如上人が年代順に配列して編集なさっています。ですから一帖目から四帖目までは、それぞれ文章の終わりの奥書に年号が入っています。ところが五帖目はそれが入っていません。つまり年代のわからないものが五帖目にまとめられているわけなのです。

ところで、現在までに実如上人の花押の入った「御文」が二十ほど発見されています。実を申しますと、私の自坊にもあるのです。短い「御文」が十四、五通集められておりまして、最後に実如上人の花押があります。その「御文」が、内容的にはかなり「五帖御文」に近いものなのです。もちろん異同はあります。円如上人が「五帖御文」を編集されるのはもうすこしあとですから、それ以前に実如上人がすでに蓮如上人の「御文」を適当に集められて、そして一冊本にしておられたのではないかと思われるのです。それを各地の門弟から要請があるたびに写して、そして自分の花押を書いて渡しておられたのでしょう。そしてそのあと、円如上人が年代順に編集されて、その後ろに実如上人が前から作っておられた御文集を加えられたのではないかということを、私なりに推察しているのです。

五帖目の「御文」は、短い「御文」が多いのです。蓮如上人の晩年の「御文」は、かなり短いものばかりだったようですから、晩年の「御文」を実如上人がまとめて、一冊の本にされていたのではないかと思うわけです。

その五帖目の第一通が、この「末代無智の御文」です。この「末代無智の御文」には、まさに真宗の肝要が述べられているといってもいいと思います。この「末代無智の御文」

は、蓮如上人御在世の頃からかなり頻繁に、蓮如上人自身もお読みになっていたし、門弟にも読むことを勧めておられたようでございます。

『蓮如上人御一代記聞書』の一八五条に、こういう一文があります。

同じく仰せに云わく、「仏法をば、さしよせていいえいいえ」と、仰せられ候う。法敬に対し、仰せられ候う。「信心・安心といえば、愚痴のものは、まだもしらぬなり。信心・安心などいえば、別の様にも思うなり。ただ、凡夫の仏になることを、おしうべし。後生たすけたまえと、弥陀をたのめと云うべし。何たる愚痴の衆生なりとも、聞きて信をとるべし。当流には、これよりほかの法門はなきなり」と、仰せられ候う。『安心決定抄』に云わく、「浄土の法門は、第十八の願を能く能くこころうるのほかにはなきなり」と、いえり。しかれば、『御文』には、「一心一向に、仏、たすけたまえと申さん衆生をば、たとい罪業は深重なりとも、かならず、弥陀如来はすくいましますべし。これ、すなわち、第十八の念仏往生の誓願の意なり」と、云えり。

自分でおつくりになった、「末代無智の御文」をここに引用なさっています。それほどこの「御文」がその当時も門弟の間で読まれていたということだろうと思います。そして、まさにこの「一心一向に、仏、たすけたまえと申さん衆生をば、たとい罪業は深重なりとも、かならず、弥陀如来はすくいましますべし。これ、すなわち、第十八の念仏往生の誓願の意なり」という一点に、真宗を凝縮して見ていらっしゃると思います。

そこで「末代無智の御文」の本文でございますけれども、この「末代無智の御文」は、大きく二つに分けて考えることができると思います。最初の「末代無智の」から「第十八の念仏往生の誓願のこころなり」というところまでが一段です。それから最後までが後半です。それを伝統的な言い方でいえば、安心、信心を表す部分と、それからそのあと報謝の念仏を表す部分とに分けることができます。

まず「末代無智の、在家止住の男女たらんともがらは」、ここまでですけれども、ここには真宗の救いの対象といいますか、念仏往生の本願の機が記されていると思います。

実はこの文章は、存覚上人が書かれました『破邪顕正鈔』からとられたおことばであろうといわれています。『破邪顕正鈔』の下巻に次のようなことばがあります。

末代罪濁の愚鈍をかんがみ、ことに在家無智の群類をあわれみておしうるに、弥陀の一行をもってし、すすむるに西方の一路をもってせり。

さらには、

末代の行者、無智の道俗、この行にあらずば生死をいでがたく、この法にあらずば菩提を成じがたし。いわゆる如来の滅後において三時の不同あり、正・像・末法これなり。衆生の根性について三種の差別あり。上・中・下根これなり。このゆえに如来ときをはかり、機をはかりて法をさづけたまう。

こういう一文から「末代無智の、在家止住の男女たらんともがら」という文章をおつくりになったのだろうと思います。

末法時代の仏道

さあ、そこでこの末代ということなのですけれども、いまこの『破邪顕正鈔』に示されておりますように、これは末法という意味です。釈尊在世から滅後五百年までを正法の時代と申します。そして像法というのは、正法五百年が過ぎたあとの千年間のことです。滅後千五百年までの千年間、その像法の時代が終わったあとの一万年を末法時代といいます。こういう歴史観が仏教にはあるわけです。

そして正法の時代には、教行証の三法がある。ところが、像法の時代には、教行はあるけれども証がないといわれています。そして、末法の時代には、教えはあるけれどもそれを行ずる人もいないし、証する人もいなくなるのです。

その末法ということについて、道綽禅師は『安楽集』の第三大門で、

大集月蔵経に云わく、我が末法の時の中に、億億の衆生、行を起こし、道を修すれども、未だ一人として得る者有らずと。当今は末法にして、現に是五濁悪世なり。唯浄土の一門のみ有りて、通入すべき路なり。

と、現在は末法の時であって悟りを得るものは一人もいないといわれています。ではなぜ悟りを得るものがいないのかというと、

其の聖道の一種は、今の時証し難し。一には大聖を去ること遥遠なるに由る。二には理は深く解は微なるに由る。

といわれています。

「大聖を去ること遥遠なるに由る」というのは、釈尊がお隠れになってから、はるかな時代を経てしまったということです。つまり釈尊の威風がもう風化してしまっているということです。それから「理は深く解は微なるに由る」というのは、聖道門の教えは理が深すぎて末法の衆生にはかすかにしか理解できないということです。

そのように、道綽禅師は、「大聖を去ること遥遠なるに由る」というのと、「理は深く解は微なるに由る」という二つの理由をあげて、末法の世には聖道門の教えはふさわしくな

く、ただ浄土門だけが悟りにいたる仏道であるとされたのです。

もう一度『破邪顕正鈔』をみてみましょう。そこに、

ただし当今末法のありさまをみるに、剃髪染衣のともがらおほしといへども、在世の出家の作法のごとく、まことに身を亡じいのちをすつるひとはなはだまれなり。おほくはこれ住処を在家・出家にわかたず、おなじく妄念を愛塵・欲塵におこすものなり。かうべをそるといへども、俗家につかへて弓箭を帯し剣戟をささぐるひともあり、ころもをそむといへども妻子にまつはれて田畠をたがへし屠沽をこととするものもあり。出家のひとのなかになをかくのごときのたぐひあり。けだしこれ末代のならひ、法のごとくなることもともかたきがゆへなり。いかにいわんや、いまわれらがともがらはもとより在家止住のたぐひ、愚痴無智のあま入道等なれば、五欲を貪するをもて朝夕のおもひとし、三毒にまつはるるをもて昼夜の能とせり。かくのごときの機、この法によらずばたやすく生死をいでがたきがゆへに、一心に帰依し一向に勤修するものなり。これすなはち弥陀の本願はもと凡夫をすくひ、如来の大悲はことに罪人にかうぶらしむるがゆへなり。

いまの時代には、出家とか在家とか言っているけれども、出家も俗人と同じになってし

まっている。ですから、仏道を行ずる人も、そして悟りをひらく人もいないということなのです。それは「大聖を去ること遥遠なるに由る。理は深く解は微なるに由る」といわれる道綽禅師のお示しのとおりなのです。法然上人が、浄土宗を立教開宗すると『選択集』の冒頭でおっしゃっているのは、まさに現在が末法であって浄土門の教えだけが悟りにいたる道だからなのです。

蓮如上人の「御文」では、「末代無智」といっておられます。この無智というのは、戒定慧の三学を行ずることができないことだといわれております。末法のわれわれは、出家もできないわけですし、戒律を守ることもできないし、禅定を修することもできない。ましてや智慧を学ぶこともできない。そういう私たちであるということを、末代無智といわれるのです。ですからこのことばには、自覚的な凡夫という意味が含まれているのです。

続いて蓮如上人は、「在家止住の男女たらんともがらは」といわれています。親鸞聖人は御自分のことを、無戒名字の比丘といっておられます。無戒ですから、破戒ではないのです。もともと戒を持たない。在家ですから、戒を持たないということです。親鸞聖人は、承元の弾圧のときに、還俗させられて、藤井善信という姓名をつけられます。そのときに親鸞聖人は、しかればすでに僧にあらず俗にあらず。このゆえに「禿」の字をもって姓とす。

といわれています。「僧にあらず俗にあらず」とありますが、僧でないということは、戒を持たないということなのです。僧であるということは、戒を持つということです。

日本にはもともと奈良時代までは正式なお坊さんはいなかったのです。中国から鑑真和上が、戒師として来られたので、奈良にはじめて戒壇院ができ、そこではじめて正式な出家僧が生まれたわけです。ですから僧にあらずということは、戒を持たないということです。

それから俗にあらずということは、俗に流されて生きるのではない、いわゆる菩提心を持つということなのです。求道する心を持つ。それを言い換えると、無戒名字の比丘ということになるのです。比丘ということばの中に僧という意味があるのですけれども、この場合は無戒名字ですから、在俗の求道者という意味です。無戒であるということは、もともと戒を持たないのですから、在家であるということなのです。現在の浄土真宗の僧侶は、戒を持っていませんから、ほんとうは僧侶ではないのです。ですから在俗の生活をしておりますし、有髪です。浄土真宗というのは在家仏教ですから、僧侶と門徒を区別すること自体おかしいことなのです。本来は一つでないといけない、みんな門徒でなければならないわけです。そういう在家止住の男女たらんともがらが、本願の正機なのです。つまり念仏によって救われていく対象は、末代無智の、在家止住の男女たらんともがらであるわれわれなのですよということです。

こころをひとつにして

蓮如上人は、続いて、「こころをひとつにして、阿弥陀仏をふかくたのみまいらせて」と言われています。心を一つにするというのは、一心ということです。一心といいますと、「世尊我一心、帰命尽十方」という『浄土論』の冒頭のことばが思い起こされます。この一心というのは、私が一心不乱になるということではなく、仏の心に目覚めるということです。

ですから、「こころをひとつにして」ということは、仏の心をいただいて、心を一つにする。われわれの自利各別の心ではなくて、仏の心をいただいて、心を一つにするということです。そして「阿弥陀仏をふかくたのみまいらせて」のたのむというのも、『教行信証』の「信巻」に親鸞聖人が、

大悲の弘誓を憑《たの》み、利他の信海に帰すれば、

といっておられるように、「憑む」という意味なのです。また「行巻」に、

しかれば、「南無」の言は帰命なり。「帰」の言は、至なり。また帰説［よりたのむなり］なり、

といっておられるように、「よりたのむ」という意味でもあります。「憑」という字も、「帰」という字も、共に「よりかかる」という意味です。ですから、御利益を衆生からたのむという意味ではなくて、帰依するとか、あるいは帰命するという意味のたのむであるわけです。

親鸞聖人の「仏智疑惑和讃」に、次のような御和讃があります。

仏智うたがうつみふかし　この心おもいしるならば
くゆるこころをむねとして　仏智の不思議をたのむべし

この「不思議をたのむ」というのは、不思議な超能力を利用するという意味での「たのむ」ということではないわけです。心を一つにして、仏の願心をいただいて、そして阿弥陀仏に深く帰依するということです。

続いて「たとい罪業は深重なりとも、かならず弥陀如来はすくいましますべし」とあります。「たとい罪業は深重なりとも」とありますけれども、これは帰依すればするほど、

弥陀をたのめばたのむほど、罪業深重である自分が見えてくるわけなのです。仏の心に出会う。仏の真実心に出会うということは、虚仮不実である自分が見えてくるということですから、心を一つにして、阿弥陀仏をたのめばたのむほど、逆に罪業深重であるという自覚が出てくるわけなのです。その自覚が出てくることが、弥陀の手の中にいることで、私たちが救われているということであるとおっしゃっているわけです。

背くものを摂取する本願

『御一代記聞書』二〇五条にこういうおことばがあります。

ある人　瞻西《せんぜい》上人のことなり　「摂取不捨のことわりをしりたき」と、雲居寺の阿弥陀に祈誓ありければ、夢想に、「阿弥陀の、今の人の袖をとらえたまうに、にげけれども、しかととらえて、はなしたまわず。」摂取と云うは、にぐる者をとらえておきたまうようなることと、ここにて思い付きけり。是を、引き言に仰せられ候う。

摂取というと、阿弥陀仏が、向かってくる者をおさめ取るというふうに一般には思います。ところが、いまここで蓮如上人は、「摂取と云うは、にぐる者をとらえておきたまうようなること」とおっしゃっている。これは実は、もともと親鸞聖人のことばの中にある

のです。国宝本の「三帖和讃」の『浄土和讃』「小経和讃」の中に、

十方微塵世界の　　念仏の衆生をみそなわし
摂取してすてざれば　　阿弥陀となづけたてまつる

という御和讃がございます。この和讃の「摂取」という文字の左側に親鸞聖人は左訓をつけられまして、そこに、「摂というはおさめとる。取はむかえとる。摂取というはもののにぐるをおわえとるなり」と書いてあるのです。摂取というは、もののにぐるをおわえとるなり。おそらく蓮如上人も、その親鸞聖人のおことばを頭に入れて、この『御一代記聞書』の文をおつくりになっているのではないかと思います。

そこに、「にぐる」とか、「もののにぐる」とかいわれてますが、この「にぐる」というのはどういう意味かということです。仏法からにげるというのは、仏法にそむいているということです。仏法にそむいているものを「おわえとる」というのです。そこが実は真宗の真宗たるところなのです。私はこれだけ修行しました。私はこれだけ善根を積んでいます。私はこれだけ善いことをしています。だから救ってくださいというのではないのです。

私は仏法にそむいています。私は愚痴、無智の尼入道です。末代無智の凡夫です。仏法にそむいている自分ですと自覚した人こそ、逆に阿弥陀仏が救うといわれるのです。

真宗の立場というのは、仏法にそむいていると自覚をした人こそ、つまり極重悪人という自覚をし、末代無智の凡夫であるという自覚をし、罪業深重という自覚をした人こそ、逆に救われていくのです。私は凡夫です、罪業深重ですと、自覚できるということは、弥陀の法に照らされているからわかってくるわけなのです。つまり罪業深重であるという自覚が生まれるのは、阿弥陀仏の真実に照らされたというあかしでもあるわけです。自分で自分は見えないわけですから。だから自分の自覚としては、どこまでも罪業深重の凡夫でしかないのです。

ところがそれを仏の側から見れば、そのままが救われている世界なのです。つまり、もう法に出会っているわけなのですから、だから目を外に向けるのではなくて、自己を問うということが救いの道なのです。

これは社会においても同じです。社会的罪悪というのをわれわれが自覚していくことによって、その社会が浄化せられていくのです。おぞましい日本であるということを自覚していくことが、日本を回復していく道なのです。「これすなわち第十八の念仏往生の誓願のこころなり」というのは、念仏というのはそういう救いの論理なのだということであり、それが十八願の誓願の心、仏の心なのだということです。そういう、真宗の救済の基本的な立場が示されているわけです。

称名念仏すべきものなり

次に蓮如上人は、「かくのごとく決定してのうえには、ねてもさめても、いのちのあらんかぎりは、称名念仏すべきものなり」といわれています。ここで報謝の念仏が説かれています。ところで、この称名念仏すべきということは、命のあるかぎりは、絶えず仏法に照らされ続けているという意味なのです。つねに仏法に照らされ、自己の姿が問われ続けていると受け止めるべきだろうと思います。

われわれは、仏法聴聞して、わかったような気にすぐなってしまうのですけれども、自力の執心は、執拗なのです。たとえ第十八の念仏往生の誓願のこころに気づいたとしても、執拗に自力の執心がわき起こってくるのです。ですからお念仏を称えることによって、そういう自己が問われてくる。念仏というのは祈りではない。自己を超えた世界からの呼び声なのであって、けっして御利益を祈るものではないのだということを思い起こさせてくださるのです。そういう形でいのちのあるかぎりそういう問いかけをなすことによって、臨終の一念までかろうじて人間らしさが保っていけるのだという、そういう立場だろうと思います。

また、ここであらためて称名念仏が説かれているところに大きな意味があるわけなのです。称名念仏ということは、口に称えるということです。口に称える、声を出す。これが口称念仏です。

法然上人も親鸞聖人も、いちおう称名念仏を説いておられます。ところが法然上人の説かれたお念仏というのは、たしかに口称の念仏なのですけれども、もうひとつそれが口で称えるのだということの意味がはっきりしていなかったのです。それはどうしてかといいますと、いちおう法然上人の「一枚起請文」などにも口称の念仏だと書いてあります。

ところが法然上人がお念仏を口で称えるのだということを確かめたお経の経文というのは、『観無量寿経』の下品下生の「具足十念称南無阿弥陀仏」なのです。では『無量寿経』ではどこかというと、第十八願に「乃至十念」とある。そこで、『無量寿経』の乃至十念と『観経』の下品下生の十念とはいっしょで、声に出す称名念仏だと理解されたのです。

それはそれでいいのですけれども、ところが『観無量寿経』の下品下生の「具足十念称南無阿弥陀仏」というのは、これはやはり散善ですから、自力の念仏になるのです。いわゆる徳目を積むという形の念仏です。だから仏の呼び声を聞くという、他力念仏の根拠にはなり得ないのです。

ところで、法然上人のお弟子に、親鸞聖人と同門の聖覚法印というかたがいらっしゃったのです。この人に『唯信鈔』という書物があります。その『唯信鈔』の中に、

まず第十七に諸仏にわが名字を称揚せられんという願をおこしたまえり。

ということばがあります。つまり第十七願の諸仏称揚というのを、「称我名者」とあるから諸仏の称名念仏であるとされているのです。その立場を親鸞聖人が承けられまして、第十七願を称名念仏の根拠とされたのです。

つまり第十八願の乃至十念の心を第十七願のところで受け止めて、口に称える念仏の根拠を十七願に求められたわけなのです。ですから十八願の念仏往生の心を第十七願、第十八願との二願に分けて受け止められたのです。そして第十七願から「行巻」が開かれて、第十八願からは「信巻」が開かれてくるのです。

ですから称名念仏というのは、観念ではなく、また自力の念仏でもなくて、仏の呼び声、つまり親鸞聖人のおことばで言えば、弥陀招喚の勅命としての仏の声を聞く、そういう念仏です。自分で称えても、声を出すということは聞くということなのです。自分でナンマンダブツと言っても、これは聞いているのです。聞くということは、ほかから聞こえてく

るわけなのです。だから念仏は如来の呼び声として、自己を超えた世界から自我の世界に閉じこもっているわれわれに、それを超えた無限の世界があるのだと呼びかけておられる声なのです。

われわれは一種の自閉的世界にいるわけでしょう。独り善がりの価値観の世界にいるわれわれに対して、自己を超えた阿弥陀、ほかなる世界からの呼び声が念仏なのです。これが智慧の念仏ですから、我執を気づかせてくれる。だから、それは聞くものなのです。聞くということは、ほかから聞こえてくるわけなのです。それを聞くということをしなければ、自分の中に念仏を取り込んでしまうわけです。ですから親鸞聖人は、「大行というはすなわち無碍光如来の名を称するなり」とおっしゃっているのです。念仏を自分のものにしてしまったら、都合のいいことを祈る、そういう念仏になってしまうのだということでしょう。

ですから念仏は、どこまでもそれは観念ではなくて、称名念仏なのです。自己を超えた世界から自己を問い破ってくる、自己を超えた世界があるのだということを気づかせてくれる、そういう念仏なのだ、こう確認しているわけです。いくら念仏の教えを聞いてわかったつもりになっていても、自我的な思いの世界に閉じこもってしまったら、これでよしとわれわれは思ってしまうわけなのです。そういうわれわれに対して、「いや、そうではないのだ。自己を超えた大きな世界、都合を超えた世界からの問いかけ、そういう自己を超えた世界があるのだ」という、そういう呼び声が念仏です。

私たちは、自己を超えた大きな無限のはたらきの中にあるのです。自然のはたらきの中にあるのです。その自然という、自己を超えた大きな世界があるのだということを気づかせてくれるのがナンマンダブツだ、こうおっしゃっているわけです。自己を超えた世界からの呼び声として、ナンマンダブツはどこまでも聞くものなのです。だから観念で声に出さない念仏ではない。声に出さないということは、自分の思いの中に入れてしまうということです。そういうことではないのだということなのです。

それを蓮如上人は、仏法に出遇ったといえども、すぐさま懈怠の思いがわき起こってくる、そういうわれわれに対して、いのちのあらんかぎりは、称名念仏すべきものなりと、自己を超えた世界から呼び声として聞いて、自己を問うていくべきだということを最後に付け加えていらっしゃるわけなのです。

十一　信心をもって本とする──五帖目第十通

聖人一流の御勧化のおもむきは、信心をもって本とせられ候う。そのゆえは、もろもろの雑行をなげすてて、一心に弥陀に帰命すれば、不可思議の願力として、仏のかたより往生は治定せしめたまう。そのくらいを「一念発起入正定之聚」（論註意）とも釈し、そのうえの称名念仏は、如来わが往生をさだめたまいし、御恩報尽の念仏と、こころうべきなり。あなかしこ、あなかしこ。

聖人一流の御文

今回は五帖目第十通、「聖人一流の御文」です。この「御文」は、たいへんよく知られており、また私どもがたいへんよく拝読する「御文」です。

この「御文」ができ上がった由来がいろいろと論じられています。「お筆始めの御文」といわれる「御文」がありますが、それを見てみましょう。

当流上人の御勧化の信心の一途は、つみの軽重をいはず、また妄念妄執のこころのやまぬなんどいふ機のあつかひをさしをきて、ただ在家止住のやからは、一向にもろもろの雑行雑修のわろき執心をすてて、弥陀如来の悲願に帰し、一心にうたがひなくたのむこころの一念をこるとき、すみやかに弥陀如来光明をはなちて、そのひとを摂取したまふなり。これすなはち、仏のかたよりたすけましますこころなり、またこれ信心を如来よりあたへたまふといふもこのこころなり。さればこのうへには、たとひ名号をとなふるとも、仏たすけたまへとはをもふべからず。ただ弥陀をたのむこころの一念の信心によりて、やすく御たすけあることの、かたじけなさのあまり、弥陀如来の御たすけありたる御恩を報じたてまつる念仏なりとこころうべきなり。これまことの専修専念の行者なり、これまた当流にたつるところの一念発起平生業成とまふすもこのこころなり。あなかしこ、あなかしこ。

寛正二年。

寛正二年（一四六一）と申しますと、まだ蓮如上人が京都の大谷本願寺におられた頃です。ある日、金森の道西が本願寺を尋ねたとき、蓮如上人がお書きになったと伝えられています。この「御文」が、蓮如上人がはじめて書かれた「御文」ですので、「お筆始めの御文」といわれているのです。これからあと、「御文」が書かれていくわけです。

実はこの「お筆始めの御文」をのちに改作したものがこの「聖人一流の御文」だといわれているのです。わずか五行か六行ぐらいの「聖人一流の御文」ですけれども、ほんとうにさまざまなことがその中にはまとめられております。

まず最初に、「聖人一流の御勧化のおもむきは、信心をもって本とせられ候う」とあります。聖人というのは、もちろん親鸞聖人のことです。「聖人一流の御勧化のおもむきは」と言われますのは、親鸞聖人の教えを門徒の人たちにわかるように説き示そうということです。蓮如上人は、いつもそのことに心を砕いておられるわけです。そういうことから考えますと、蓮如上人が「御文」という教学を別に立てられたわけではないのです。どこまでもそれは、親鸞聖人の教えを当時の人々にわかることばで、しかもその肝要をまとめてお示しになっているのであって、けっして親鸞聖人の立場と違うことを説いておられるのではないのです。蓮如上人のお心というのは、親鸞聖人の教えを広めること、さらには真宗再興を成し遂げることで貫かれていたといっていいと思います。

親鸞聖人の教えの要

では、その親鸞聖人の教えの要は何かというと、「聖人一流の御勧化のおもむきは、信心をもって本とせられ候う」と言われるように、信心なのです。

五帖目第十一通に、「くちにただ称名ばかりをとなえたらば、極楽に往生すべきようにおもえり。それはおおきにおぼつかなき次第なり」とあります。口にお念仏を称えておれば、極楽に往生するのだと思っているのは大きなまちがいであるといわれています。ここでもやはり信心が大事ですよといっておられるのです。

ところで、法然上人は『選択集』の冒頭で、「南無阿弥陀仏、往生の業には、念仏を先となす」と書いておられます。つまり法然上人は、念仏為本を明らかにされたのです。それに対して親鸞聖人は、「正定之因唯信心（正定の因はただ信心なり）」と説かれているように、信心為本を明らかにされ、いま蓮如上人も、「信心をもって本とせられ候う」と信心為本を明らかにしておられるのです。

ところが、蓮如上人もべつに信心為本ばかり言っておられるわけではないのです。また、法然上人も念仏だけを説かれるわけではなく、同じように親鸞聖人も信心だけを説かれるわけではないのです。

法然上人が念仏為本を説かれたのは、何に対して念仏為本といわれたのかといえば、雑行に対して、あるいは余行に対して念仏を立てられたのです。念仏以外にもいろいろな行があります。いわゆる止観とか、座禅というものがあるのですが、私たちのような在家者にはとても行じることができません。だからこそ念仏をもって本となすといわれたのです。このように、凡夫であるわれわれには、往生の道は念仏しかないのだといわれるのです。ですから法然上人は、『選択集』の三心章で次のようにいっておられます。

生死の家には疑いをもって所止となし、涅槃の城には信をもって能入となす。

このように、法然上人も念仏為本といわれながらも信心を強調しておられるのです。考えてみれば、これは当然のことです。お念仏というのは、これは行ですから、浄土真宗でいえば如来のはたらきです。けれども、それと同時に信が問題になってくるわけです。ですから法然上人も当然「信をもって能入となす」とおっしゃっているわけです。

では、親鸞聖人が信心為本を強調されるのはどういうことかといいますと、念仏に対して信心といわれるわけではないのです。信心というのは、疑いに対することばなのです。疑いというのは、別のことばでいえば、定散心とか罪福信です。定散心というのは、定善や散善を修行しようとする心です。定善というのは、心を凝らし、おもんぱかりをやめて、心を一心に集中して生死を超えていこうとする心です。

また散善というのは、道徳的徳目を守ることによって、心を純化していこうとする心です。また罪福信というのは、欲望を満たすために仏に祈ろうとする心です。お金がもうかりますように、ナンマンダブツと祈るわけですから、それは仏を祈っているのではなくて、自分の欲望を祈っているのです。自分の欲望を満たすために仏を手段にし、お念仏を手段にしている。それが罪福信です。そういう不純な心に対して親鸞聖人は、信心為本だとおっしゃっているわけなのです。

いずれの行もおよびがたき身

だから親鸞聖人のお立場というのは、当然念仏為本なのです。念仏を本として、そのうえでその念仏を称える信が純か不純か、これを問題にしておられるわけなのです。親鸞聖人は、よき人のおおせをこうむりて信ずるほかに別の子細なきなりと、こうおっしゃっているのですから、当然お念仏一つなのです。いずれの行もおよびがたき身なのですから、ただお念仏しかないのです。

石川県に藤原正遠という先生がおられまして、よく『法爾』という寺報を送っていただきます。その中にこんな歌が書いてありました。

念々におそう苦悩をさげてゆく　力尽き果て南無阿弥陀仏

いずこにもゆくべき道の絶えたれば　口割りたまう南無阿弥陀仏

このかたは、お若いころ国文学を研究しておられたものですから、念仏の和歌をたくさんお書きになっているのですけれども、この二つの歌は、まさに御自身の「いずれの行もおよびがたき身」という心境を歌っておられるわけです。いずれの行もおよびがたき身だから、念仏しかないのです。

ところが、そのお念仏を不純な心で称えるとどうなるのかというと、蓮如上人が言われるように、「それはおおきにおぼつかなき次第なり」なのです。いくらナンマンダブツとお念仏を称えても、そのナンマンダブツを不純な心で称えておるならば、それは往生の行にはならないと蓮如上人もおっしゃっているのです。

法然上人は、多くの行の中から念仏一つを選び取られたわけですが、しかしそれは法然上人自身の選択ではないのです。いずれの行もおよびがたき身だから、ただ念仏だというのは、けっして自分の選択と違うわけです。自分の選択というのは、自分が高いところにあって、自分の力があって、そして選ぶのです。ところが、念仏しか選びようがない、念仏しか道がないというところから念仏一つを選び取るわけですから、その選びは衆生の選択ではない。それは仏の選びなのであって、如来選択なのです。

如来選択ということは、「いずこにもゆくべき道の絶えたれば、口割りたまう南無阿弥陀仏」ということです。どこにも行きようがないということは、自分で選びようがないということです。元気なうち、つまり自力を信じているときは、なんとかなると自分で思っているのですから、まだ選びようがあるのです。だけどもどこにも行きようがない。そのように、いずれの行もおよびがたき身だから、ただ念仏しかない。ですから、ただ念仏というのは、こっちが選んでいるのではないのです。そこしか道がないということは、むしろ向こうからその道が与えられてきたのだということであって、それは如来が選択して私たちに与えられた道だということです。

それでは、そのお念仏を称える心はどうなのかといえば、われわれはすぐに定散心、罪福信で称えようとする。ところが親鸞聖人は、そんな心では往生はできないといわれるのです。そして、ただただ仏の心をいただくしかないのだといわれるのです。

そして親鸞聖人は、お念仏と信心の関係について、次のように言われています。

真実の信心は必ず名号を具す。名号は必ずしも願力の信心を具せざるなり。

信心はかならず名号を具すのです。ところが、名号はかならずしも願力の信心を伴うとは限らないのです。真実信心というのは、仏心、仏の心です。その仏の心をいただいた人は、かならず口に名号を具す。だけれども、名号にはかならずしも願力の信心、真実信心が伴うとは限らない。なぜかといえば、お名号を称えても、定散心、罪福信の心で称えるお念仏があるからです。名号を称えたら、その人の心はかならず真実の信心かといえば、そうではない。定散心、罪福信で称えているお念仏があるからです。

賜る信心

ですから、蓮如上人がおっしゃっている「信心をもって本とせられ候う」というのは、けっして信心だけを重視したというものではないのです。念仏為本に対して信心為本ではないのです。基本的には、念仏為本なのです。雑行に対して念仏です。その念仏に立って、その上で「信心をもって本とせられ候う」といわれるのです。この関係が、蓮如上人の「御文」でいえば、「くちにただ称名ばかりをとなえたらば、極楽に往生すべきようにおもえり。それはおおきにおぼつかなき次第なり」ということなのです。

「お念仏しておればいい」と教えられて、「お念仏しておればいいのだ」と思ったとしても、私たちはそれが納得できない。なぜ納得できないかというと、お念仏しておれば、いつか信心がもらえると思っているからなのです。信心がもらえるといいますが、いったいどの手でもらえるのでしょう。あるいは、入れる入れ物があるのでしょうか。

もらうというところに、すでにもうひっかかりがあるわけなのです。信心をもらうとか、得ようとかいうところに、一つのとらわれがあるのです。もらうとか、得ようとか、つかもうとすると、逆につかめなくなるのです。こういうのは、不思議なもので、そのつかもうとする手がなくなって、あるいはつかみようがないのだと気がついたときに、すでに届いていたことに気がつくのです。罪福信、定散心というのは、もらおうとする心、つかもうとする心です。だから真宗の立場というのは、そういう意味では非常に難しいのです。どうして難しいかというと、こっちに計らいがあるから難しいのです。とらわれがあるから難しいわけです。

とらわれとか計らいを離れるというのは、あるがままということです。そのままの世界なのです。そういうところを蓮如上人は、「聖人一流の御勧化のおもむきは、信心をもって本とせられ候う」といわれるのです。この信心というのは、力んで拝む、罪福信ではないのです。真実信心ですから、如来の大悲心なのです。こちらから手に入れようとか、握ろうとかする心ではないのです。握ろうとする思いが抜けたときに、逆に賜るわけです。続いて蓮如上人は、「そのゆえは、もろもろの雑行をなげすてて」といわれます。「もろもろの雑行をなげすてて」というのは、これはなげすてざるを得ないということなのでしょう。法然上人は『選択集』で次のように説かれています。総結三選の文といわれる文章ですが、

それ速やかに生死を離れんと欲わば、二種の勝法の中に、しばらく聖道門を閣きて、選びて浄土門に入れ。浄土門に入らんと欲わば、正雑二行の中に、しばらくもろもろの雑行を抛ちて、選びて正行に帰すべし。正行を修せんと欲わば、正助二業の中に、なお助業を傍にして、選びて正定を専らすべし。

ここで法然上人は、「もろもろの雑行を抛ちて」と言われています。それに基づいて蓮如上人は、「雑行をなげすてて」といわれているのです。そしてそれは、なげすてざるを得ないという自身の状況を表したことばなのです。もろもろの雑行をなげすてざるを得ない。どうにもこうにも助からんという、そういう心境だと思います。

次に、「一心に弥陀に帰命すれば」とあります。ここに帰命ということばが出てまいります。この一心に弥陀に帰命するということが、いってみれば信心ということです。

『蓮如上人御一代記聞書』の一八五条をみてみますと、

「信心・安心といえば、愚痴のものは、まだもしらぬなり。信心・安心などいえば、別の様にも思うなり。ただ、凡夫の仏になることを、おしうべし。後生たすけたまえと、弥陀をたのめと云うべし。何たる愚痴の衆生なりとも、聞きて信をとるべし。当流には、これよりほかの法門はなきなり」と、仰せられ候う。『安心決定抄』に云わく、「浄土の法門は、第十八の願を能く能くこころうるのほかにはなきなり」と、いえり。しかれば、『御文』（五帖一）には、「一心一向に、仏、たすけたまえと申さん衆生をば、たとい罪業は深重なりとも、かならず、弥陀如来はすくいましますべし。これ、すなわち、第十八の念仏往生の誓願の意なり」と、云えり。

といわれています。罪業が深重であるというのは、法のはたらきによって自覚せられていくわけです。ですから、「何たる愚痴の衆生なりとも、聞きて信をとるべし」といわれるように、聞信によって信心を得ていくことになるのです。

さらに『蓮如上人御一代記聞書』の一八八条には、

聖人の御流は、たのむ一念の所、肝要なり。故に、たのむと云うことをば、代々、あそばしおかれそうらえども、委しく、何とたのめと云うことを、しらざりき。しかれば、前々住上人の御代に、『御文』を御作り候いて、「雑行をすてて、後生たすけたまえと、一心に弥陀をたのめ」と、あきらかにしらせられ候う。しかれば、御再興の上人にてましますものなり。

とあります。一心に弥陀をたのめというと、すぐわれわれは一心不乱に力んでお願いするように考えてしまいます。しかし、ほんとうはそういう一心ではないのです。これは如来の心に帰依する。弥陀に帰依するということなのです。一心にというのは、「ただ」ということなのです。ただそれだけしかないというただなのです。

続いて、「弥陀に帰命すれば、不可思議の願力として、仏のかたより往生は治定せしめたまう」といわれます。これは、いずれの行もおよびがたき身という自覚をしたときに、そっくりそのまま逆に思議を超えた大きなはたらきの中に生かされ、支えられているということに気がつけるのだという立場を示しておられるのです。

現生正定聚

そして最後に、「そのくらいを『一念発起入正定之聚』とも釈し、そのうえの称名念仏は、如来わが往生をさだめたまいし、御恩報尽の念仏と、こころうべきなり」と説かれています。

ここにあります「入正定之聚」というのは、なにも助かったという世界ではないのです。『歎異抄』の第十五条に次のように書かれています。

煩悩具足の身をもって、すでにさとりをひらくということ。この条、もってのほかのことにそうろう。

どうやら関東の門弟たちの間でも、現生正定聚ということを、煩悩の黒雲晴れて生きているうちに悟りを開くというような、そういった受け止め方がなされていたのだと思います。ところが、生きているときに悟りを開くというのは、即身成仏あるいは観念成就のできる人にあてはまることで、これは難行上根のつとめと書いてあります。難行上根というのは、難しい行ができるすぐれた根機、能力を持った人ということです。ところが浄土真宗というのは、
来生の開覚は他力浄土の宗旨、信心決定の道なるがゆえなり。これまた易行下根のつとめ、不簡善悪の法なり。おおよそ、今生においては、煩悩悪障を断ぜんこと、きわめてありがたきあいだ、真言・法華を行ずる浄侶、なおもて順次生のさとりをいのる。

こうおっしゃっているのです。浄土真宗というのは、来生の開覚、信心決定の道だ。こう

いうふうに申しますと、来生というから、今生に対して来生だと、実体的な次の世の悟りだ、こう短絡的にとらえる人があるのですけれども、次の世はわれわれの思いを超えた世界です。思いを超えた世界など、はかりようがないわけなのです。ですから、来生の開覚ということは、言い換えれば今生でないということです。煩悩具足の身をもって今生に悟りを得るというようなことはあり得ないことだということです。あったらおかしいでしょう。今生に悟ったといってしまったら、おかしいのです。来生の開覚ということは、今生ではないということなのです。

臨終の一念まで煩悩具足の身なのです。もし今生で悟ったというならば、「種種の応化の身をも現じ、三十二相・八十随形好をも具足して、説法利益そうろうにや」ということになります。つまり仏と同じような姿形にならなければいけないわけです。頭の上が大きく隆起し、耳たぶが大きく、法輪の指紋があってと、すぐれた身体的特徴がないといけないわけです。私たちはけっしてそうはなれないわけですから、来生の開覚といわれるのです。今生では悟りを開けないで、臨終の一念まで煩悩具足の身であるということなのです。むしろ、煩悩具足の身であるということを問い続けることが信心決定の道なのです。

だからこの入正定之聚というのは、一点を指すことばではないのです。進行形です。今生で悟ったといったら、そこへ止まってしまうわけです。そうではなくて、臨終の一念まで信心決定の歩みなのです。臨終の一念に至るまでいかり、そねみ、はらだつこころを持つ、煩悩具足の身なのです。そういう歩みをしていくことが信心決定のありようなのです。

しかしそれは衆生のほうから信心決定の歩みとか、信心決定しましたということではないのです。それはどこまでも法の側から見ている世界なのです。そして蓮如上人は、衆生の側からは、ただただ如来の弘誓願を聞信し、歩み続ける。如来の大きなはたらきに対して、御恩報尽、報恩の念仏しかないといわれるのです。

このように、この「聖人一流の御文」というのは、たいへん短い「御文」なのですけれども、真宗の救済の道理というものが簡潔にまとめられています。

十二　人間の浮生なる相――五帖目第十六通

それ、人間の浮生なる相をつらつら観ずるに、おおよそはかなきものは、この世の始中終、まぼろしのごとくなる一期なり。されば、いまだ万歳の人身をうけたりという事をきかず。一生すぎやすし。いまにいたりてたれか百年の形体をたもつべきや。我やさき、人やさき、きょうともしらず、あすともしらず、おくれさきだつ人は、もとのしずく、すえの露よりもしげしといえり。されば朝には紅顔ありて夕べには白骨となれる身なり。すでに無常の風きたりぬれば、すなわちふたつのまなこたちまちにとじ、ひとつのいきながくたえぬれば、紅顔むなしく変じて、桃李のよそおいをうしないぬるときは、六親眷属あつまりてなげきかなしめども、更にその甲斐あるべからず。さてしもあるべき事ならねばとて、野外におくりて夜半のけぶりとなしはてぬれば、ただ白骨のみぞのこれり。あわれというも中々おろかなり。されば、人間のはかなき事は、老少不定のさかいなれば、たれの人もはやく後生の一大事を心にかけて、阿弥陀仏をふかくたのみまいらせて、念仏もうすべきものなり。あなかしこ、あなかしこ。

白骨の御文

今回は「白骨の御文」です。還骨のお勤めの後にこの「御文」を拝読いたしますので、みなさんがたも非常によく御存じであろうし、また言われている内容を実感として受け止めておられるのではないかと思います。

この「白骨の御文」がどういう御縁でできたのかということですが、講録にはいろいろな説明がしてありますが、はっきりしたことはわかりません。ただ、やはり命ということを実際に感じたときといいますか、死という場面に出会ったときに書かれたものだろうと思います。

蓮如上人のこういった無常の「御文」ですけれども、帖内八十通、帖外百七、八十通の、合わせて二百五、六十通の「御文」の中で、無常の「御文」というのは三十数通あるのです。いつごろからこういった無常の「御文」を書き始められたのかといいますと、だいたい文明四年（一四七二）、蓮如上人が五十八歳頃からなのです。いわゆる「見玉尼往生の御文」が無常の「御文」のいちばん最初のものと思われます。

見玉尼は、すでに申してきましたように、最初禅寺に預けられ、やがて浄土宗のお寺に預けられ、そこで鎮西流の仏教を学んでおられたのですが、亡くなる直前には浄土真宗の教えに目覚めて、看病してもらった人にねんごろに礼を言って亡くなっていかれたのです。その姿を見て、蓮如上人は、死ということを非常に厳しく受け止められ、そのころから無常の「御文」を書き始められるのです。そして、文明五年になりますと、無常をテーマにした「御文」が帖内四通、帖外三通、合わせて七通も書かれているのです。それから文明六年には五通書かれています。そのように、文明四年以降、無常の「御文」が書かれるわけなのです。やはり肉親の死を自分の死と重ねて受け止めることを通して、無常ということが深く実感されていったのだと思います。その無常の「御文」の代表的なものが、この「白骨の御文」というわけです。

ところで、この「白骨の御文」なのですが、実は前半の部分は引用文なのです。何から引用されたかと申しますと、『存覚法語』、あるいはそのもとになっている「無常講式」からなのです。まず『存覚法語』を見てみたいと思います。

後鳥羽の禅定上皇の遠島の行宮にして、宸襟をいたましめ、浮生を観じましましける御くちずさみにつくらせたまひける『無常講の式』こそ、さしあたりたることはり、耳ぢかにてよにあはれにきこえ侍るめれ。その勅藻をみれば、「あるひはきのふすでにうづんで、なみだをつかのもとにのごふもの、あるひはこよひをくらんとして、わかれを棺のまへになく人あり。おほよそはかなきものはひとの始・中・終、まぼろしのごとくなるは一期のすぐるほどなり。三界無常なり、いにしへよりいまだ万歳の人身あることをきかず。一生すぎやすし。いまにありてたれか百年の形体をたもつべきや、われやさき人やさき、けふともしらずあすともしらず、をくれさきだつひとは、もとのしづくするゐのつゆよりもしげし」といへり。

こうあります。後鳥羽上皇が隠岐島に流罪になったとき、行宮において、「無常講式」というのをおつくりになったのです。講式というのは、儀式に用いる表白文です。たとえば報恩講には報恩講式というのを拝読します。また、太子講には太子講式を拝読しますし、法然上人の知恩講には知恩講式を拝読します。

後鳥羽上皇がしておられた無常講というのは、臨終来迎を祈るための儀式でした。『往生要集』の中に臨終行儀ということが説かれています。それは、亡くなっていくときの作法といってもいいのですが、臨終のときに仏のお迎えにあずかるために五色の糸を来迎仏の手にかけて、それを亡くなっていく人に持たせる。さらに頭北面西右脇に寝かせて、花を散らし、香をたき、そして善知識が引導を渡すのです。そのような臨終行儀が、やがて一つのお講になりまして、たくさんの人が輪になって座って、そして数珠を繰りながら送っていくというものになったのです。

今日でも無常講とか迎講とかといって、そのまま残っている地方もあります。そういうのを無常講といっていたのです。

後鳥羽上皇が隠岐島で無常講をされたときに、自分で文章をつくられたのが「無常講式」で、それを存覚上人が『存覚法語』の中に引用しておられるのです。

後鳥羽上皇の無常講式

それでは「無常講式」の原文を見てみたいと思います。この「無常講式」は、実は仁和寺に残っておりまして、それを南条文雄師が『無尽燈』(二四号)という雑誌に「無常講式ならびに存覚法語とお文」という短文を書いておられまして、その中に仁和寺から転写してきたものを載せておられるわけなのです。それを読んでみたいと思います。

世をこぞって蜉蝣のごとし。朝に死し、夕べに死し、別れるものいくばくぞや。あるいは昨日已に埋みて、墓の下に涙をぬぐう者、あるいは今夜に送らんと欲して、棺前に別れを泣く人。およそはかなきものは人の始中終、まぼろしのごとくなる一期の過ぎるほどなり。三界無常なり。古より未だ万歳の人身あることを聞かず。一生すぎやすし。今にいたって、たれか百年の形体を保つべきや。実にわれや前、人や前、今日とも知らず、明日とも知らず。後れ先だつ人、本の滴、末の露より繁し。原野を指して、独り逝地と為す。墳墓を築き、永く栖み家と為す。焼きて灰となり、埋みて土となる。人の成りゆく終わりのすがたなり。ああ、雲鬢撫でて花の間に戯れる。朝に百媚、別れ難しといえども、露命に先んじて、蓬下に臥す夕べ。九相皆捨るべし。爛れて一両日過ぎれば、ことごとく眼を傍ばむ。臭くして三五里の行人、みな鼻を塞ぐ。すなわち二道の中、白き蠕うごめきいでて、手足四支上より青蠅、飛び集まる。虎狼の野、四方に馳せ、十二節を所々に置き、鵄梟鷲、五臓を啄んで、五尺の腸、色々に捉う。肉おちて皮剝げて、ただ生々しき髑髏なり。日に曝され、雨に洗われる。ついに朽ちて土となる。雲鬢何れか収まる。花の貌、何れか壊る。眼は秋の草生え、首は春の苔繁し。白楽天云く、故き墓、いずれの世の人か。姓と名とを知らず。和して道頭の土となって年々春草生えると云々。西施の顔色、今何れにありや。存るべし、春風百草の頭云々と。再び生まれ、汝、今壮りなる位を過ぎたり。死衰えて、まさに閻魔王近し。先路に往かんと欲すれば、資糧なし。中間に住むこと求むるも、所止となす。一切有為法は夢幻、泡影の如し。露の如し、亦電の如し。まさに如是の観をなすと。（原文は漢文、読み下し筆者）

この「無常講式」の中の文章を存覚上人が『存覚法語』に引用され、さらにまた、蓮如上人が「白骨の御文」に引用されているわけなのです。

ところが、この「無常講式」もいろいろなところから文章を借りてきているのです。たとえば、『金剛経』の偈の中に、「一切有為の法は夢幻、また泡影の如しと、また露の如し、また電の如し、まさに如是の観をなす」とありますが、これをそのまま「無常講式」に借りてきてあります。

あるいは、『方丈記』を書かれた鴨長明の『発心集』の、「一生すぎやすし、万事実なし」とか、あるいは、道綽禅師の『安楽集』の中の、「この法、寿命大期百年を過ぎるものなし。百年のうち、出ずるを少き、滅ずるもの多し」というようなことばが使われています。

あるいは、「おくれさきだつ人、もとのしずく、すえの露よりもしげし」とありますが、実はこれには元歌があるのです。それは『新古今和歌集』の中の僧正遍昭の歌です。

するゑの露もとのしずくや世の中の　おくれさきだつためしなるらん

こういう歌です。これは草の根元のしずく、それから葉っぱの先のしずく、いずれがあとか、いずれがさきとは定まらない。しずくがあとさき関係なく落ちていくという様子を詠っているわけなのです。これは、蓮如上人のことばでいえば、老少不定ということでしょう。年取った人から順番に亡くなっていくとは定まっていないということをたとえているわけです。

このように「無常講式」をよりどころにして、蓮如上人は「白骨の御文」をつくっておられるわけです。

現実を受け容れるための無常観

中世以降日本において無常の観念が非常に深まっていきます。その代表が鴨長明の『方丈記』であり、吉田兼好の『徒然草』でしょう。そこには、無常だから世を捨てる、世をはかなむという無常観が色濃く出されています。ある意味では、滅びの美学みたいなものがあり、無常だから世をはかなんで山にこもり世捨て人になるという無常観なのです。

ところが蓮如上人の無常観というのは、それとはかなりおもむきが違うのです。蓮如上人は、けっして世をはかなんだ人ではないのです。蓮如上人は、終生人間世界のどろどろとした中で生きておられた人で、けっして世捨て人ではないのです。それでは蓮如上人がいわれる無常というのはどういう無常かといいますと、無常なるがゆえに世をはかなむのではなくて、無常であるという事実を直視せよということなのです。人は死すべき身であり、形あるものは、かならず滅んでいくのだ。だからいまを生きるのだということです。無常ということによって、人間の我執、執着を離れていく。とらわれを否定するというのが、蓮如上人の無常観なのです。

「御文」の中に出てくることばといいますと、「ゆめまぼろし」だとか、「電光朝露」とか、「浮生」とか、「あだなる人間界」「老少不定」ということばが出てきます。そういうことばで言おうとされていることは、常であるというわれわれの思い、あるいは妄想を破りなさいということなのです。老いない、病にならない、死なないと考える妄想が、厳粛なる事実、死という事実を見つめれば否定されてくる。つまり老いない、病まない、死なないという妄想が、無常なる事実に触れることによって、老いてあたりまえだ、病んであたりまえだ、死んであたりまえだというところに立てるようになるのです。そのように常を願う妄想を破り、正しく事実を見つめる立場に立つことによって、私たちははじめて病を引き受けていくことができるようになるわけです。つまり、老いてあたりまえだというところに立って、はじめて老いが引き受けていけるわけなのです。

私たちは、頭の中では自分はいつまでも若いと思っている。ところが鏡を見ると、白髪が生え、しわができているのか。若いはずのという思い込みと、鏡に映っている事実にギャップができるのです。そのギャップが老いの苦しみなのです。ところが、若いはずという思い込みが、無常という事実によってくだかれてくるわけなのです。そして、老いてあたりまえだというところに立って、四十歳は四十歳、六十歳は六十歳、七十歳は七十歳のありのままが受け入れられるわけです。

若いのがあたりまえで、若いほどいいのだというところに立つかぎり、落ち着けないのです。病もいっしょです。私の頭の中では、健康があたりまえだと思っています。健康があたりまえのはずの私が、どうして病院へ入院しなければならないのか。どうして病床に横たわらねばならないのか。みんな幸せそうに暮らしているのに、どうして自分だけが病気になるのかと悩むことになるのです。ところが生身の体なのだから、病んであたりまえなのです。健康のときもあれば、病むときもある。病んであたりまえだというところに立って、はじめてその病を引き受けていくことができるわけです。健康があたりまえなのに、どうして私だけがこんな目に遭わなければならないのだと思うかぎり、その病は引き受けられない。ところが生身の体なのだから、無常なんだから、病んであたりまえだというところに立って、はじめてその病を引き受けていくことができるわけです。

このように、蓮如上人のいわれる無常というのは、無常なるがゆえに、その現実を引き受けていく、現実を引き受ける原理としての無常なのです。われわれの我執とか虚妄が苦しみの原因なのです。その虚妄、とらわれを離れる原理が無常なのです。そしてさらに、苦の事実を積極的に引き受けていく原理が無常なのです。

後生の一大事

蓮如上人は、その無常を通して、その無常の最たるものが死という事実ですが、死という事実によって自己を超えたものに出会っているわけです。親鸞聖人の場合は、もちろん無常もあるのでしょうけれども、罪の自覚によって自力無功を信知して、自己を超えたものに出会っているのだと思います。

それは時代の背景なり、その人なりの生きた背景が違いますので、比較することはできません。ある意味では、いまのこの時代では、蓮如上人の立場のほうがわれわれにはわかりやすいかもしれません。高齢化社会となり、あるいは治りにくい病が多くなってきている現代では、死という問題がわれわれの課題になってきているわけです。蓮如上人の時代もそうだったのです。命がモノ化されて、戦の道具にされていた時代です。そういう死ということを通して、自己を超えたものに出会っている。

それは、われわれでもいっしょでしょう。この「白骨の御文」を読みますと、やはりそれぞれの胸にこたえるもの、響くものがあるでしょう。身近な人の死、それは自分の死に置き換えられます。自分の死としてそれを感じたときに、私たちは命の不思議さを実感せざるを得ないのです。私たちは、自分の命、自分の人生だから、自分で思いどおりになると思っています。ところが死という事実を見たら、なんにも思いどおりにならないことがよくわかります。いくら上手に死のう、かっこよく死のう、ぽっくり死のうと思っても、思いどおりにならないのです。死というのは思いを超えた出来事です。誕生だってそうです。出会いだってそうです。お互いにこれまでの半生を振り返ってみても、やはり思いを超えた大きなはたらきの中に生かされ、支えられているということを感じます。

死ということによって自己が否定されたときに、自己を超えたものといいますか、そういう大きなはたらき、自然のはたらきが実感されてくるのだろうと思います。
親鸞聖人は、自己を超えた世界を自然ということばでおっしゃっています。つまり、自己を超えたもの、それが自然なのです。そのことを蓮如上人は、自己を超えたその命、普遍の世界に目覚めよと、「たれの人もはやく後生の一大事を心にかけて」と、こうおっしゃっているのだろうと思います。

ところで、後生ということばなのですけれども、われわれはすぐ実体的に考えるものですから、なにか死んだあとの世界のように思うのですけれども、生も死も包み込んだような大きな世界、われわれの思議、計らいを超えた大きな世界と受け止めてもらったほうがいいと思います。われわれの思い、分別を超えた世界です。その思い、分別を超えたものにわれわれは生かされ、支えられているのです。その思いを超えた世界から命を賜って、その思いを超えた大きな世界へ帰っていくのです。その包み込むような大きな世界に目覚める、それを後生の一大事というのです。そういう意味では、後生というのは涅槃ということばに置き換えてもいいと思うのです。涅槃というと、もうだれも実体的にはとらえないでしょう。ですから、後生というのは、涅槃ということばで置き換えたほうがいいと思います。

涅槃というのは、われわれの思議、分別を超えた世界ですから、不可称、不可説、不可思議の世界といわれるのです。ですからそれは分別した途端に、もう自然ではなくなるわけです。計らいが混じったら自然ではなくなってしまうわけです。ですから死ということを通して、はやく自己を超えた世界に目覚めていくようにと蓮如上人は教えておられるのです。死んだ後は、自己を超えた世界へ帰っていくのです。有無を沙汰する必要はないのです。それにいま目覚めるのです。それを『無量寿経』のことばによって、即得往生と教えられ、あるいは平生業成ということばで教えておられるのです。

報恩の念仏

一帖目第四通には次のように説かれています。

「そもそも、親鸞聖人の一流においては、平生業成の義にして、来迎をも執せられそうらわぬよし、うけたまわりおよびそうろうは、いかがはんべるべきや。その平生業成ともうすことも、不来迎なんどの義をも、さらに存知せず。くわしく聴聞つかまつりたく候う」

答えていわく、「まことに、この不審、もっとももって、一流の肝要とおぼえそうろう。おおよそ当家には、『一念発起　平生業成』と談じて、平生に、弥陀如来の本願の、われらをたすけたまうことわりをききひらくことは、宿善の開発によるがゆえなりとこころえてのちは、わがちからにてはなかりけり、仏智他力の御さずけによりて、本願の由来を存知するものなりとこころうるが、すなわち平生業成の義なり。されば、平生業成というは、いまのことわりをききひらきて、往生治定とおもいさだむるくらいを、『一念発起住正定聚』とも『平生業成』とも『即得往生住不退転』ともいうなり」

このように言われています。つまり死ということを見つめたときに、わがちからで生きていたのではなかったのだということに気づかされてくるわけなのです。自分の力、自分の人生と思っていても、けっしてそうではないのです。死ということを通して、それが否定されてきたときに、「わがちからにてはなかりけり、仏智他力の御さずけによりて」と言われるように、本願の大きなはたらきの中にあったことに気づかされるのです。そのときに往生が定まるから平生業成と言われるのです。

だから蓮如上人の平生業成の教えの底流には、厭世的な無常ではなくて、積極的な無常の受け止め方というものがあるのです。その死ということを見つめたときに、自然のことわりの中にわれわれは生かされ、支えられていたのだということが、ほんとうによくうなずけるのです。

蓮如上人は、そういう自己を超えた大きなはたらきの中に生かされ、支えられている自分を発見されたのです。如来のおぼしめしのままに生きていく。それが厳しい現実を生きていく原理であるとされたのです。もしそこで自我的な立場にたつならば、どうして自分だけがこんな目に遭わなければならないのか。どうして自分だけがこんなつらい目に遭わなければならないのかと、不平不満しか出てこないのです。だからこそ、自然のはたらきのままに生きよといわれるのです。自然というのは、自己を超えた世界です。その自己を超えたものから、私たちは一切を賜っているのです。

そういう自己を超えた大きな世界に生かしめられ、支えられている。そのことに気がついたときに、報恩感謝の思いが出てくるのです。だから蓮如上人の言われる南無阿弥陀仏、六字のいわれというのは、自己を超えた、そういう世界に目覚めさせようとする如来の呼び声であると同時に、そこに目覚めたことに対する、その大きなはたらきに対する報恩の念仏だ、こういう言い方をしておられます。

無常という、その厳粛なるこの事実において、自己が否定されていく。そのことによって逆にその厳しい現実を引き受けていく。死を見つめることによって、命に執着するわが身が、主体的に厳しく問われてくる。そしてそれを否定契機として、逆にそのことからそれを超えた世界に目覚めていく。だから蓮如上人の無常は、厳しい現実を引き受けていく、受け止めていく原理としての無常だと言えます。ですから蓮如上人は、現実の生活の中で苦悩をそのままともに引き受けながら、波瀾万丈の生涯を生きていかれたわけなのです。

蓮如上人と現代

蓮如上人への誤解

蓮如上人につきましては、「蓮如さん」という親しみを込めた呼び方で、長い間真宗のご家庭では仰いでこられたことと思います。ところが、この蓮如上人という方について、私どもがどれほど知っているのか。あるいは、どれほどこの蓮如上人の教えを学んでいるかというと、たいへん心もとないことであります。

また、この蓮如上人につきましては、これまでその評価が二転三転してまいりました。そういう意味で言いますならば、蓮如上人ほど、ある時はよい人だ、ある時は極悪非道の人だ、というような形で、その評価が分かれてきた人も珍しいと思います。

戦前戦後におきましても、ある時は西洋のエンゲルスの言う農民の指導者に比するものとして、またあるときは、マックス・ウェーバーのプロテスタンティズムに比するものとして、また、一向一揆研究の中では農民解放の運動家であり時代の変革者であると、たいへん高い評価を受けた時代もありました。一方では、戦国大名だ、乱世のオルガナイザーだ、この伝統的な封建的教団を作った張本人だ、『御文』さんも読まなくていい、と言われたこともありました。非常に蓮如上人を厳しく批判した時代もあったわけです。ところが、こうして蓮如上人の御遠忌をお迎えするということになりますと、そこかしこで、蓮如上人讃仰のムードでいっぱいです。

私の学生時代には、本当に厳しい批判がありました。その頃のことを思いますと、世は移り変わってゆくものだなあ、とつくづく感じます。その頃私は、真宗学を学んでいましたが、『御文』を拙い卒業論文に取り上げましたら、「それは真宗学じゃありませんよ、仏教史の論文ですよ」と、厳しい批判をいただいたこともありました。ですから、私たちは蓮如上人という人をあまりにも正確に捉えてこなかったということをまず反省しなければなりません。

今日でも、たとえば、『歎異抄』についても次のような誤解がありますね。今日われわれが読んでおります『歎異抄』は、親鸞聖人や唯円の言葉ですが、蓮如上人の書き写されたものが一番古いものなんです。『真宗聖典』（東本願寺版）に入っている『歎異抄』も蓮如上人がお写しになったものが入っています。ところが、この『歎異抄』の最後に、

於無宿善機、無左右不可許之者也。釈蓮如

と、書いてあるので、蓮如上人が『歎異抄』を禁書にして教団の奥深くにしまい込んで隠してしまったんだ。それで、その『歎異抄』を明治の近代教学者たちが世に出してきたんだ、と多くの人たちによって言われています。

ところが、蓮如上人がもし『歎異抄』を教団の奥深くに隠してしまったとするなら、どうして、室町時代以降、江戸時代にかけて『歎異抄』の写本が、巷《ちまた》に流布していたのでしょうか。江戸時代初めの、大谷派の初代講師に光遠院慧空という人がおります。その人の時代までに、『歎異抄』の写本は十六本を数え、その他諸文献に紹介されたものが十二本あります。呼称の変更で一、二の重複があるかもしれませんが、おおむね二十八本残っています。たいへんな数です。また、江戸時代に『歎異抄』は確認できるだけでも、五回出版されています。あるいは、『歎異抄』研究の必読書としての円智の『歎異抄私記』、香月院深励の『歎異抄講林記』、あるいは万徳寺了祥の『歎異抄聞記』、これらはいずれも江戸時代に書かれたものです。

そうしますと『歎異抄』ほど、室町から江戸時代にかけて、人々に読まれたお聖教はないといってもいいと思います。他のお聖教よりもはるかに読まれているお聖教です。ところがほとんどの人が、蓮如上人が『歎異抄』を教団の奥深くにしまい込んでしまったという評価をしています。このあいだ、民放テレビの「知ってるつもり」という番組で親鸞聖人をとりあげていました。あの中でも、蓮如上人は『歎異抄』を禁書にして、教団の奥深くにしまい込まれた、という言い方でした。ところがこのような資料を挙げれば、そんなことはないわけです。

ただ、蓮如上人は、こういうことをおっしゃっています。『空善聞書』――空善は蓮如上人のお弟子です――の中に、

聖教ワタクシニイツレヲモカクヘキヤウニオモヘリ。機ヲマモリテユルスコトナリ（中略）聖教ヲオシムハ、ヨクヒロメンカタメ也。

とあります。あるいは、『御文』の中に、そのことについて、

無宿善の機は信心をとりがたし。まことに宿善開発の機は、おのずから信を決定すべし。（中略）この宿善無宿善の道理を分別せずして、手びろに世間のひとを（中略）しかれば、宿善の機をまもりて、当流の法をばあたうべし。（三帖目十二通）

とあります。宿善というのは、仏法を学ぶ「こころね」といってもよいのです。無宿善、つまりそういうこころねのない人に、それを与えると、仏法を誹謗するもとになる。だか

ら、蓮如上人は決して隠してしまったわけではないんです。宿善あつき人に読んでくださいと言っているわけなんです。蓮如上人のお写しになった『末燈鈔』の奥書。これは大谷大学図書館にありますが、最後に「可秘《ひすべし》可秘《ひすべし》」と書いてあります。『末燈鈔』のことは言わないで『歎異抄』のことだけ世間で言っている。そこにも、なにか恣意的な蓮如上人に対する歪んだ見方があるのではないかと思います。

　また、蓮如上人が課題にしておられる、いろんな課題についても同様です。たとえば、蓮如上人の「女人成仏」の問題を、五木寛之さんなんかはそこを非常に強調しております。「われら女人」というところに立って蓮如は、女性救済、当時の虐《しいた》げられていた女性たちに対して光を当てた、というような捉え方をしています。しかし、一方では、「五障三従の女人」と女性を差別しているとしてそれとはまったく逆の言い方、見方がされているわけです。

　どちらが良いとか悪いとかという問題ではなく、キチッと資料そのものに当たっていないということがあるのではないかと思います。ですから、これを機に私たちが蓮如上人の言葉そのものを、客観的かつ正確に理解してゆくということが、たいへん重要なことであります。

聖人一流に帰る

その蓮如上人ですが、親鸞聖人が「真宗を開いた人」というならば、蓮如上人は「教化伝道の人」ということがいえます。その蓮如上人は、

聖人一流の御勧化のおもむきは……

と『御文』が示すように、「聖人一流」、親鸞聖人に帰っていかれた人であります。

今日、本願寺と申しますと、みなさんはあの大きな甍を東西が競い合っているというイメージを持たれるでしょう。蓮如上人がお生まれになった頃の大谷本願寺は、東山にありました。青蓮院と知恩院の間の元大谷というところです。まさにそこは、堅田の「本福寺文書」にありますように、寂々《さびさび》としたところだったわけです。

しかもそこは、みなさんオヤッと思われるかもしれませんけれども、浄土真宗ではなかったのです。さかのぼって覚如上人が本願寺という寺号をとって寺院化した時は（蓮如上人の時もそうです）天台宗青蓮院の末寺であったのです。だから、天台宗本願寺だったのです。

ですから、本願寺の中には護摩壇《ごまだん》もありました。そして、天台の厳式《ごんしき》作法をやっていたのです。護摩壇があったということは、加持祈禱《かじきとう》をやっていたということです。そして、

そこでは天台の止観《しかん》もなされていたのでしょう。山の上には妙香院という本願寺の坊があった。だいたい、比叡山の末寺でありますと、山の上と下にお寺があるわけです。つまり表向きは、天台宗本願寺で、私的に、密《ひそ》かに浄土真宗本願寺だったのです。

そうした中で、蓮如上人は、「聖人一流の御勧化のおもむきは」と申され、親鸞聖人に帰ろうとなさったのです。だから「真宗中興」と言われるわけです。しかし、その帰るということはいろんな意味があります。まず、護摩壇を取り除きました。護摩壇を取り除いたということは何を意味しているのか。それは加持祈禱と決別したということです。親鸞聖人の教えは加持祈禱の教えではありません。祈ったり、たたりを鎮めたりする教えではありません。それと決別したということです。

それから、勤行の改革です。今日われわれが、『正信偈』六首引きの勤行をしておりますが、あの勤行形式は蓮如上人が始めたのです。そのためのテキスト、お勤めの本が必要であった。それが文明版の「三帖和讃」です。上人は文明五（一四七三）年に吉崎で、『正信偈』「三帖和讃」を開板しておられます。そうして、天台のお勤めをやめて、『正信偈』六首引きのお勤めを、みんなが唱和するという形にされました。これは何を意味するのか。つまり、加持祈禱、国家安泰を祈る読誦ではない。みんなが唱和するということは、みんなが学ぶという勤行です。みんなが聞き、学ぶという聞法の勤行形式に変えたということです。

それから、もう一つ大きなことがあります。山の仏教というのは、国家の仏教であり、貴族の仏教でありました。僧綱令に基づいていますから、当時僧侶はすべて国家公務員であったわけです。そのような状況の中で蓮如上人は、在家者を対象に「お講」を組織していきました。『蓮如上人御一代記聞書』などをお読みしますと、

「仏法をば、ただ、より合い、より合い、談合申せ」の由、仰せられ候うなり。（二〇一条）

と、「寄り合い談合」せよとおっしゃっています。また、

仏法談合のとき物を申さぬは、信のなきゆえなり。（二〇三条）

とか、

「信不信、ともに、ただ、物をいえ」と、仰せられ候う。「物を申せば、心底もきこえ、また、人にもなおさるるなり。ただ、物を申せ」と、仰せられ候う。（八七条）

と、「物をいえ」といったことが盛んに出てまいります。「寄り合い」「談合」といいますと、今日何か変なイメージでとられがちですが、今日、世間でいう工事入札の談合ではあ

りません。みんなが集まって仏法を学ぶ集い、それが「寄り合い」「談合」です。
そして、その時蓮如上人は「物をいえいえ」とおっしゃっている。
仏法の座敷にて物を申さぬことは、不信の色なり。（二〇三条）

と、つまり、物を言わないのは不信のあらわれだと、こうおっしゃっている。ということは、仏教そのものが、鎮護国家の出家仏教ではなくて、「猟《りょう》、すなどりをもする」いわゆる、猟や漁、商いをする、そういう民衆の仏教として、解放されていったということです。少なくとも、法然上人、親鸞聖人はそういう道をたどったけれども、その後また、もとの山の仏教、貴族の仏教に戻っている状態の中で、それを「猟、すなどり」をする人たち、つまり、民衆の仏教に引き戻していったのです。

こうしたことが気に入らないのが、比叡山や奈良の仏教です。護摩壇を取り除き、天台との本末関係を破棄する。それが、結局は寛正《かんしょう》の弾圧となり、大谷本願寺が破却されるわけです。そして、蓮如上人は近江を転々とし、やがて吉崎に御坊を建立します。しかし、その吉崎に御坊があったわずか四カ年の間に、吉崎御坊には、遠国近国八カ国から人々が群参し、また弾圧され、何回となくそこから脱出を試みているわけなんです。

ある時は、藤島の超勝寺のあたりまで逃げ出してきて、引き戻されるというようなこともありました。また加賀の四十万《しじま》村の善性寺まで行って、引き戻されるということもあったのです。

ところが、吉崎の炎上を契機に、とうとう吉崎を出まして、枚方の出口の光善寺を経て、京都の山科へ行き、山科本願寺を建立します。そして、代を譲って、隠居仕事に淀川を下っていって、今の大阪城のあるところ、つまり石山に石山本願寺を建立します。『御文』四帖目の第十五通に「大坂建立の御文」があります。

そもそも当国摂州東成郡、生玉の庄内、大坂という在所は……。

と書いてあり、大阪に石山御坊を建てたときのことを記した『御文』です。その中に、

偏執のやからもあり、むつかしき題目なんども出来あらんときは、すみやかにこの在所において、執心のこころをやめて退出すべきものなり。

と、こうおっしゃっています。むつかしい、ややこしいことが起きたら、さっさと「退出すべきものなり」と。

蓮如上人を中世のオルガナイザーだとか、一大野望家だとか、そういう見方、評価をする人もありますが、蓮如上人の書かれたものを読みますと、蓮如上人は常に、教団の勢いが大きくなって信心がうすらいでゆくことを非常に嫌っているわけです。『御一代記聞書』

に、

一宗の繁昌と申すは、人の多くあつまり、威の大なる事にてはなく候う。一人なりとも、人の、信を取るが、一宗の繁昌に候う。（一二二条）

蓮如上人は、こうおっしゃっています。ですから、乱世のオルガナイザーだ、一大野望家だ、という見方はどうも、逆だと思います。

そのように、信心第一だ、あるいは、信心を取ることが第一だと言ったがゆえに、逆に、結果的に人々が慕って集まっていったのではないかと思います。少なくとも、蓮如上人の言葉や行動の端々から感じ取れる、蓮如上人の姿というのは、決して自分で戦国大名になろうとした、という人ではなかったと思います。

時機相応の仏教への変革

どうして、その蓮如上人のところに、遠国近国八カ国から人々が群参したのか。それは、『御文』を読むとわかりますが、その教えが非常に時代社会に相応していた、つまり「時機相応」だったからだと思います。念仏の教えはもともと「時機相応」です。「時」というのは時代社会。「機」というのは衆生です。時代社会に相応した教えであったのです。

たとえば、『御文』を見ますと非常に日常的な問題が出てまいります。

一帖目の第九通には、

そもそも、当宗を、昔よりひとこぞりておかしくきたなき宗ともうすなり。これまことに道理のさすところなり。そのゆえは、当流人数のなかにおいて……

とあります。そして、「物忌」。物忌み、タブー、迷信について、「物忌ということは、わが流には仏法についてものいまわぬといえることなり」とあって、さらに、

まず、『涅槃経』にのたまわく、「如来法中　無有選択　吉日良辰」といえり。この文のこころは、如来の法のなかに吉日良辰をえらぶことなしとなり。

と、日を選んだり方角を選ぶ必要はないと言われる。おそらく、当時も「仏滅」とか、「三隣亡」とか、「大安吉日」とか、そんなことを言っていたのでしょう。そういうことに対して蓮如上人は、「吉日良辰をえらぶことなしとなり」と。あるいは、

みずから仏に帰命し、法に帰命せよ、比丘僧に帰命せよ、余道につかうることをえざれ、天を拝することをえざれ、鬼神をまつることをえざれ、吉良日をみることをえざれといえり。かくのごとくの経文どもこれありといえども、この分をいだすなり。ことに念仏行者はかれらにつかうべからざるようにみえたり。よくよくこころうべし。

あなかしこ、あなかしこ。

とおっしゃっています。蓮如上人の吉崎時代には、他宗、他教、つまり白山神社、豊原寺、平泉寺と、そういったところと非常に対峙した状況の中で、民衆、門徒の人たちからの質問に対して、親鸞聖人の立場で応えていらっしゃるのです。

あるいは守護地頭との関係、王法と仏法の問題です。蓮如上人は「弥陀一仏」、「信心第一」なのです。ところが、あちこちでトラブルが起きてきて、そういったことについて、その当時なりの一つの判断を下しているわけです。それが良いか悪いかはその状況に立ってみないとわからないです。やはりその時代の限定といいますか、時代状況というものをきちんと認識して考えなければならない思います。

蓮如上人の王法と仏法の問題が、あるいは、守護地頭に対する関わり方が、今日の状況にそっくり当てはまるかどうかということは、これはやはり、五百年という時代を経て、空気が違いますから、考えなければなりませんが、少なくとも、当時の迷える人たちに対して、それなりの取り組みなり、方向性を示したわけでしょう。

また、さきほど少し申しました、「女人成仏」、女性救済の問題。そして、「善知識」の問題があります。やはりファンになってゆく人がいたんでしょう。「法に依りて人に依らざるべし」と、釈尊は教えてくださっていますが、法に依らないで人にとらわれてファンになっていった人がいたんでしょう。あるいは、善導大師は「就人立信《じゆにんりゆうしん》　就行立信《じゆぎようりゆうしん》」とおっしゃってくださっていますが、人にとらわれていってしまう。善知識だのみですね。こういうことについて、蓮如上人は蓮如上人の立場で応えています。

『御文』の中に、たくさんの無常の『御文』があります。老いの問題、病の問題、あるいは死の問題について、蓮如上人はキチッと応えて、そこに一つの実践的な方向を見出しています。そういった意味で私は蓮如上人のこの立場というのは、非常に時代社会、その時代の人間の課題をキチッと捉えていた、「時機相応」の仏法であったと思います。

五百年を経た今日、われわれは蓮如上人に何を学ぶのか。時代の限界性がありますから、そっくりそのまま今日に持ってきても、それはダメです。しかし、少なくとも、真宗の教えを、現実の課題に照らして学ぶ、あるいは現実の課題を仏法に問うという学び、そういう学び方を私たちは蓮如上人に学ぶべきだろうと思います。

苦悩の共有

ややもすると、仏法というとお寺の中だけ、大学の研究室の中だけ、自分の胸の内だけ、というとらえ方が多いのではないでしょうか。いろんな出来事が社会で起きておりますが、そういったことに、一番関わりを持たないのが、私は現在の浄土真宗教団だと思います。私自身、自己批判して申し上げているのですが、何かやりだすと、それは「聖道の慈悲」だ、というふうな形ですぐ批判がまいります。

たとえば、あの阪神淡路大震災。それなりの関わりはあったと思いますが、私は仏法を学ぶ人なら、また、真宗を学ぶ人なら、もっといろんな関わり方ができたのではないかと思います。そういう批判が高まってきた今頃になって、ささやかに何かをやりだそうとしています。何も、ボランティアは神戸だけではありません。どこにでも問題はあります。それぞれの地域で、さまざまな形で苦しみ喘《あえ》いでいる人がいっぱいいるんです。批判されたので何かをするのではなくて、ふだんからそういうことに対する視点がまったく私たちに欠けていたことを自己批判しなければなりません。

実は、私どもの同朋大学には社会福祉学部もありまして、あの地震が起きました時に、学生たちから、ボランティアに行きたいと申し出てきました。それで、大学でできることは何かと考えまして、すぐに対応しました。大阪の南御堂・難波別院さんに宿泊をお願いしまして、泊めていただきました。学生たちは、南御堂さんの地下の広間に宿泊して、それこそ自分のお小遣いで神戸のいろんな施設へ行って、介護をしたり、手話で通訳をしたり、さまざまな仕事をしてくれました。三月の末で切り上げましたが、のべ千四百数十名の学生が行ってくれました。

そういうことに対して、「聖道の慈悲」ではないかというご批判をいただくことがあります。何もわれわれは高いところから、そういうことをしているわけではない。私の研究室に事務局を置いている「死そして生を考える研究会」は、高齢者へのいろんな活動をしておりますが、高いところから、何か手を差し出すという形でやっているのではありません。末期の人たちのところへ行って、一緒に話し合っていると、逆にそこに自分の命の在りようが学ばされて来るんです。苦悩を共にし、共に抱えてゆくというだけのことなんです。決してそれは「聖道の慈悲」ではありません。「共業《ぐうごう》」、業を共に背負ってゆくことです。

今日の浄土真宗は、そういうふうに、ややもすると、社会的な関わりが無くなっていってしまう。それに対して、蓮如上人は、非常に社会ということを意識した人です。時代社会に相応した仏法の在り方ということを求めて行かれた人だろうと思います。とりわけ、私自身、その蓮如上人の立場に学びたいことは生と死の問題です。

病を楽しむ

私どもはたまたま、ご縁がありまして、生と死の問題、あるいは末期の患者さんたちとの関わりを持ちながら、ささやかではありますが活動をしております。そういった活動を通して、課題を持って蓮如上人を見ますと、『御文』の中に、それに応えてくれるものがたくさんあるんです。たとえば、四帖目の第十三通に、

それ秋さり春さり、すでに当年は明応第七、孟夏仲旬ごろになりぬれば、予が年齢つもりて八十四歳ぞかし。しかるに当年にかぎりて、ことのほか病気におかさるるあいだ、耳目・手足・身体こころやすからざるあいだ、これしかしながら業病のいたりなり。または往生極楽の先相なりと覚悟せしむるところなり。これによりて法然聖人の御詞にいわく「浄土をねがう行人は、病患をえて、ひとえにこれをたのしむ」とこそおおせられたり。しかれども、あながちに病患をよろこぶこころ、さらにもって、おこらず。あさましき身なり。はずべし、かなしむべきものか。

とあります。「病患《びょうげん》の御文」です。法然上人のお言葉を引いて、「病患をえて、ひとえにこれをたのしむ」と、つまり、病を楽しむと書かれているのです。ところが蓮如上人は、あながち自分はそれはできない、「はずべし、かなしむべきものか」とおっしゃっていま

す。

あるいは「見玉尼往生《けんぎょくに》の御文」というのがあります。これは帖外です。見玉尼は、蓮如上人の四番目のお子さんです。

蓮如上人の若い頃は、本願寺は窮乏していました。ましてや部屋住みの上人は食べてゆけなかった。それで、子どもたちを口減らしに出してあったのです。喝食《かっしき》として、禅宗のお寺へ預けてあった。見玉尼もそうだったのです。ところが、娘さんですから大きくなってくると禅宗のお寺に置いておくわけにはいかない。それで、京都の河原町にあります浄華院という浄土宗の尼寺に預けてあったのです。

そして、蓮如上人がようやく吉崎に落ち着いて、苦労をかけた娘さんを吉崎に呼び戻したのです。そうしたら、間もなくその見玉尼が亡くなってしまったのです。その前に蓮如上人は二番目の奥さんを亡くしています。この時期、子どもたちを次から次に亡くしまして、文明二年から文明四年、正味一年八カ月の間に五回お葬式を出しているのです。

さすがにその見玉尼が亡くなったときには、蓮如上人も非常に悲しまれました。しかも、その見玉尼という方が浄土宗の尼寺へ預けられていて、浄土宗の教えの中にいたにもかかわらず、最後は真宗の教えに目覚めてくれたと、こうおっしゃっているのです。

それで、その『御文』の最後に蓮如上人は、

しかればこの比丘尼見玉、このたびの往生をもてみなみなまことに善知識とおもひて、一切の男女にいたるまで一念帰命の信心を決定して、仏恩報尽のためには念仏まふしたまはば、かならずしも一仏浄土の来縁となるべきものなり。(帖外一〇)

と言われます。「かならずしも」というのは強い言い方です。今日とはちょっと言い方が違います。娘の死ですけれども、死を善知識と思えと。善知識というのは先生です。つまり、死に学ぶということです。そしてそれを一仏浄土の来るべき御縁にしましょうと、こうおっしゃっている。まさに、死に学ぼうとおっしゃっているのです。

この、「見玉尼往生の御文」が書かれたのは文明四年の八月でありますが、それから蓮如上人は亡くなるまでの間に非常にたくさんの無常の『御文』を書いておられます。みなさんよくご存じの無常の『御文』があります。

それ、人間の浮生なる相をつらつら観ずるに、おおよそはかなきものは、この世の始中終、まぼろしのごとくなる一期なり。(五帖目十六通)

この「白骨の御文」も、命ということを、問いかけ、考えさせられる『御文』です。

死に学ぶ

老病死というわれわれの、避けがたい、現実の問題に対して、蓮如上人は非常に具体的な形で、真宗の教えの立場から答えてくださっているのです。たとえば、さきほどの「病患の御文」もそうです。われわれは、若いのが良くて、老いてゆくのはマイナスだと思っています。命は長いのが良くて、短いのはマイナスだと。あるいは、生はプラス、死はマイナス。死に方の善し悪し。上手な死に方、下手な死に方。そんなとらわれを持っています。みなさん上手に死ねますか。あちこちにポックリ寺というのがありまして、ポックリ死なせてくださいとお祈りするそうです。ポックリ寺にお参りして、帰りに交通事故でポックリ死んだら、次からだれも行かなくなった。そんな笑い話もあります。

今、寝たきりになっている人、痴呆症になっている人は、好きこのんで寝たきりになったり、痴呆症になっているのではないのです。それも、「さるべき業縁」なのでしょう。それを、プラスとかマイナスとかいう物差し、価値観で、受け止めれば、受け止めるほど、苦しみになってゆきます。病というのは、思い通りにならないことなんですから。

みなさん、思い通りに死ねますか、死ねないでしょう。それを上手に死ぬのが良くて、下手に死ぬのがダメだとか思えば思うほど苦しみになります。若いのが良くて、老いてゆくのがダメだと考えてみんな落ち込んでゆくんですかね。生はプラス、死がマイナスだとしたら、では、みんな敗北のうちに死んでゆくんですか。みんな死んでゆくんですから、死はマイナスだと言うのなら、敗北のうちに死んでいかねばならないでしょう。だから、こういう価値観にとらわれればとらわれるほど、われわれは自分で自分を苦しめてゆくことになるわけです。

蓮如上人は、逆をおっしゃっています。こんな価値観にとらわれるな、物差しにとらわれるなと。つまり、死に方の善し悪しとかにわれわれはとらわれていますけれど、蓮如上人は「善信が身には、臨終の善悪をばもうさず」（『末燈鈔』第六通）という親鸞聖人のお言葉を引きまして、「臨終を沙汰せず」という言葉で蓮如上人は置き換えておっしゃっています。死に方の善し悪しにとらわれてみたところで、苦しみになるだけであります。

かつて平安時代には、平安時代でなくても浄土宗では今もそういう教えですが、「臨終行義」というのがあります、死ぬときの作法が決まっているのです。「頭北面西右脇にして華を散らし香を焚《た》き、そして来迎を祈る」という、「臨終正念」です。死ぬときまで、威儀《いぎ》を正して死んでいかねばならないのです。そんなこと、みなさんできますか。

それより、痛いときは痛いと言い、苦しいときは苦しいと言い、どんな死に方をしても良し、あるがままと腹がすわったら、逆に落ち着けるわけです。それが自然です。プラスとかマイナス、そんなこと考える必要はない。自然の道理なんだから。痛いときは痛いと言い、苦しいときは苦しいと言い、どんな死に方をしても良し。生はプラス、死はマイナスではないのです。生があれば、必ず死がある。死を見つめましょう。そうすれば、出ずる息吸う息を待たない、そういう命が見えてくるでしょう。長いのが良くて、短いのが悪いのではない。まさに、そういうことを蓮如上人はおっしゃっているのです。

われわれは健康が良くて、病がダメだと思っている。健康が当たり前だと思っています。だから、入院すると、「健康が当たり前の私が、どうして、こんなところに入院しなければならないのか」と、苦しむのです。過去の病名をたくさんお書きになって、「世の中、健康な人が孫を抱いて楽しそうにしているのに、私ばっかりこんな目にあって、仏さんは不公平だ。先生は仏教を勉強しているそうだけれども、何とか答えてくださいよ」というお手紙をある患者さんからいただいたことがあります。

健康が当たり前だと思っている、その思いが苦しみの原因なのですよ。健康が当たり前ではないのです。無常ですから、常ではないのですから、生身の体ですから、健康なときもあれば、病むときもあるのです。今日はみなさん、たくさんお見えですけれど、この中に、完全無欠に健康な方がいらっしゃいますか。大なり小なり何か持病を持っておられるでしょう。病んで当たり前なのです。病んで当たり前、というところに立って初めて、お医者さんに向かってゆける、病気を引き受けてゆけるわけです。健康が当たり前だと思っている限り、不平不満が出て来るのです。

そして、「私ばっかりこんな目にあって、仏さんは不公平だ」と、あっちに祈り、こっちに祈りしている間に、病気はどんどんひどくなってゆきます。それで、効き目がないと、祈り方が足りないんだ、お布施が足りないんだと言って、財産を全部取られることになります。仏さんを利用して、自分の欲望の物差しを延ばしてゆこうとかかっているだけの話なのでしょう。それは仏さまを拝んでいるのと違います。それは、自分の欲望を拝んでいるだけなのです。

ですから、この物差しから離れることが、病を引き受けてゆく道理なのです。そうすることで死を引き受けてゆくことになるのです。死んで当たり前、老いて当たり前なのです。若いのが当たり前と思っているから苦しむのですよ。六十歳の人が二十歳のかっこうをしていてごらんなさい、おかしいでしょう。だから、その物差しそのものを離れていったときに、「病患をえて、ひとえにこれをたのしむ」という世界が開かれてくるのです。「病は善知識なり」と、永観《ようかん》という人が言ってますが、そこに立って初めて、病そのものを主体的に受け止めてゆけるのです。老いそのものを受け止めてゆけるわけなのです。

ところが、蓮如上人は、あながちに、自分にはそれが引き受けられない、喜べないと、「はずべし、かなしむべきものか」とおっしゃっています。「あながちに病患をよろこぶこころ、さらにもって、おこらず。あさましき身なり。はずべし、かなしむべきものか」こういう世界を願いつつも、この物差しから離れられない、という自分を嘆いていらっしゃるわけです。

考えてみたら、われわれはこの物差しがすべてだ、と言ってそこに凝り固まっている。それで自分で苦しみを作っているわけです。しかし、長いだけが、若いだけが、健康だけがすべてではない、と思ったら、ほっとできるでしょう。世の中金だ、金がすべてだ、と思ったら、お金の地獄にはまってゆくのです。ところが、お金がすべてではない、と思ったら、ほっとできるでしょう。世の中、偏差値がすべてだ、と凝り固まってしまったら、自分で受験地獄を作り出してゆく。ところが、偏差値がすべてではなかった、と気が付いたら、ほっとできる、何か自分を取り戻せるでしょう。そういう世界なのです。

たとえば名古屋で、私の研究室と東別院の青少年会館と共同で、「老いと病のための心の相談室」というボランティア事業をやっております。大学もふくめてなかなか動いてくれないものですから、市民の人たちを中心にやっています。市民ボランティアに真宗の教えと、簡単な医療介護、福祉介護を勉強してもらいまして、六カ月間で養成します。そして、老人ホームをはじめいろいろなところへボランティアに行ってもらっています。青少年会館の中にも相談室を作っているのです。

そういうなかで、寝たきりの方のところへボランティアに行っている人が、よくこういう問い掛けを受けるのです。その寝たきりのおばあちゃんが「早く死にたい」、「死にたい、死にたい」とおっしゃる。初めは周囲の注目を引くために言っているんだと思っていた。ところが、「私は寝たきりになってしまって、年もとって、ちっとも役に立たない。間に合わない。生きる意味がどこにもない。最近は息子から邪魔者扱いにされる。息子の嫁からはうっとうしい目で見られる。このごろは孫にまで馬鹿にされるんですよ。早く死にたい、生きている意味はどこにもない」と、おっしゃるというのです。

われわれは、役に立つ立たない、間に合う間に合わない、そういう物差しを出しまして、それがすべてだと思っている。間に合わないもの、役に立たないものはダメだと。経済の世界では、合理主義とか合理化といって、役に立たないものを切り捨ててゆく。その眼で、人間まで見てしまっている。ところが、仏法の眼から言えば、こんな物差しは、「そらごと、たわごと」なのです。役に立つ、立たないがすべてではない。人は存在そのものに意味があるのです。われわれが気づかないような価値だってあるのです。

寝たきりのおばあちゃんが、人は、老いて、病んで、死にゆく身であると、その厳粛な事実を、言葉ではなく、体でもって、身をもって、息子に教えてあげている。これだって大きな働きなのです。さきほど申しましたような一つの物差しで、人間は計れるものではないのです。人は存在そのものに意味があるのです。だから、「堂々と寝たきりになっておればいいじゃないですか」と言ってあげましょうと、その時話し合ったのです。

「病患をえて、ひとえにこれをたのしむ」とか、老いを楽しむ、というのは、そういう世界なんです。私どもが日常の生死の問題を課題にした時、蓮如上人の『御文』なり、『御一代記聞書』というのは、非常にそれにうまく相応して書かれている。あるいは、その中に答えが見出してゆける、という気がいたします。

六字のいわれ

そして、『御文』を読みますと、

言南無者　即是帰命　亦是発願回向之義

という、善導大師の六字釈をさかんに引いておられます。当時の人々も、やっぱりお念仏を欲望を満たす祈りの呪文、あるいは徳を積む手段だと思っていたのでしょう。それが、そうではないんだ、自己を超えた大きな世界に目覚める呼び声なんだ、という形で、お念仏のいわれを再々おっしゃっています。

私たちは、命を所有化しております。自分の命は自分のものだ、そして、その自分の命は自分の思い通りになる、と思っております。ところが、現実には思い通りになってゆかない。そういうところで苦しんでいるわけです。よく考えてみたら、自分というのは自分の力で生まれてきたのでしょうか。自分の思い通りに死んでゆけるのでしょうか。決してそうではありませんね。みなさんのこれまでの半生を振り返ってみて、どうですか。私は、私の半生を振り返ってみて、何一つ思い通りになってきませんでした。思い通りになっていたら、もっと良い暮らしをしていました。楽に生きることができたはずです。今日の出会いだって、思いがけない出会いなんですよね。

ですから、私たちは自己を超えた、大きなものに生かされ、支えられているのです。この大きなもの「絶対無限の妙用《みょうゆう》」に生かされ、支えられているのです。それを蓮如上人は「後生《ごしょう》」と言い、それに目覚めることを「後生の一大事」とおっしゃっているのだと私は思います。つまり、「後生」という言葉を、われわれはすぐに実体的な死後と捉えますけれども、そうではなくて、思いを超えた涅槃《ねはん》の世界です。

私たちは思いを超えた世界から命をたまわって、思いを超えた世界にかえってゆく。「法性《ほっしょう》のみやこ」から命をたまわって、法性の都にかえってゆく。それは思いを超えた世界です。義《ぎ》なきを義とする世界です。はからいなき世界です。不可称、不可説、不可思議の世界です。私たちがあれこれ詮索してはからうものではないのです。われわれは、命を終えれば、その思いを超えた世界にかえってゆくのでしょう。そのことに目覚めよ。その目覚めこそが、もっとも肝要であるという意味で、「後生の一大事」ということをおっしゃったのではないでしょうか。

老いとか、病とか、死といったことが課題になる福祉の場に多少なりとも関わっておりますと、そういう蓮如上人の教えということが、そんな形で響いてまいります。ところが、私どもが立っている立場が不純ですと「自見《じけん》の覚悟《かくご》」で、独《ひと》りよがりの思いで、歪《ゆが》んで受けとってしまうこともあるのです。ですから私は改めて蓮如上人の教えにすなおに学んでゆきたいと思います。

後記

一九九八年四月の蓮如上人五百回御遠忌を控え、いよいよ蓮如上人への関心が高まっています。こうした中で、大きなうねりとして、「正しい蓮如上人像の確立」が求められていることも感じ取ることができます。

「その人を知るには、その人の主著から……」と言われます。蓮如上人といえば、「御文」でしょう。「御文」は、真宗の教え、言い換えれば、宗祖親鸞聖人のみおしえを平易に表現されたものとして今日まで綿々と受け継がれてきました。

しかし、残念なことに蓮如上人のご教化の集約である「御文」のことばや表し方は、およそ五百年を経た現在では古典となり、その理解は私たちに容易ではありません。

本書は、一九九四年三月から一九九六年六月まで、真宗大谷派名古屋教区教化センターの開放講座「御文に学ぶ」の講義録を講師であった同朋大学教授田代俊孝先生に加筆修正していただいたものです。田代先生には二十六回にわたり「御文」を一通ずつご講義いただきました。ここには、その中から十二通を選び編集しました。先生は蓮如上人のご生涯やお人柄、ご教化などについて、わかりやすいことばで教導くださり、とりわけ、「死」の問題を縁として、根源的な自己の生き方を問う鋭いご指摘には深い感銘を覚えました。

真宗の教えと私たちの日常生活は、本来、不離一体のはずです。ところが、現代の私たちはどうでしょうか。教えと生活がかけ離れてはいないでしょうか。教えによって生かされて生きる日々こそがほんものでありましょう。教えが日常生活から遊離していては、ほんものではありません。私自身の生き方そのものを問うよき指針が他ならぬ「御文」であったように今、感じています。そして、そのことこそが、真宗再興の願いで生ききられた蓮如上人からのメッセージではないかと思っています。

誰の心にも不安や迷いを持ち合わせる現代社会です。本書が、教えを伝え、日常生活とつなぎ、さまざまな問題に応えていく手がかりとなるよう念じて止みません。どうぞ、ご味読ください。

合　掌

一九九六年十一月

真宗大谷派名古屋教務所
所長　髙藤法雄
真宗大谷派名古屋教区教化センター
主幹事務取扱　勅使　忍

新版にあたって

このたび、本書を新版を刊行するにあたって、巻末に「蓮如上人と現代」の一講を加えさせていただいた。この講座は、一九九五年、真宗大谷派富山別院で講じたものである。蓮如上人五百回御遠忌法要を前に、現代的課題を蓮如上人の教化の方途に学ぼうとの趣旨で、勤められたお待ち受け法要のおりのものである。

その後、一九九八年には東西両本願寺を始め、各地の別院、末寺でそれぞれ、蓮如上人五百回御遠忌法要が厳修された。五百年の時空を越えて、還相の菩薩として、私たちの現前で利他教化のはたらきをしてくださる蓮如上人の「大きさ」を改めて認識した。

今回の御遠忌で何よりもよかったことは、蓮如上人へのゆがんだ見方や誤解が解かれ、蓮如上人が復権したことである。

今日に至る「聖人（親鸞聖人）一流」の相続は、なんといっても蓮如上人抜きでは、語れない。蓮如上人によって真宗の宗風ができ、蓮如上人によって真宗の教えが人々の肌に染み込んだ。

筆者も、蓮如上人にゆかりのある寺に住し、今も毎年四月には蓮如忌をお勤めし、直筆の「虎尾の名号」を拝している。そして、二〇〇〇年四月には、蓮如上人五百回御遠忌法要をお勧めした。土地の人々は「蓮如さん、蓮如さん」と言って、とても親しんでいる。

こうした、相続こそが何よりも大切である。御遠忌を決して、一過性の祭にしてはならない。その意味で、本書が再版されることはたいへんありがたい。

末筆ながら、法藏館、西村七兵衛社長のご配慮と編集部の池田顕雄氏の労苦に改めて感謝したい。

二〇〇二年四月

田代俊孝

田代俊孝（たしろ　しゅんこう）
1952年滋賀県に生まれる。大谷大学大学院博士後期課程満期退学。同朋大学助教授，カリフォルニア州立大学客員研究員を経て，現在，同朋大学教授。名古屋大学医学部・大谷大学非常勤講師。名古屋大学医学部倫理委員。「死そして生を考える研究会」代表。
著書に『広い世界を求めて――登校拒否の心をひらいた歎異抄』（毎日新聞社）『親鸞の生と死――デス・エデュケーションの立場から』『悲しみからの仏教入門』［正・続］『仏教とビハーラ運動――死生学入門』『やさしく語る仏教と生命倫理』『いのちの満足』（法藏館）など。編著に『講座いのちの教育』シリーズ全3巻（法藏館）など。

真宗入門　御文に学ぶ［増補新版］
二〇〇二年六月一日　初版第一刷発行
著　者　田代俊孝
発行者　西村七兵衛
発行所　株式会社　法藏館
京都市下京区正面通烏丸東入
郵便番号　六〇〇-八一五三
電話　〇七五-三四三-〇〇三〇（編集）
〇七五-三四三-五六五六（営業）
印刷・製本　リコーアート

ISBN 4-8318-4042-4 C0015